Sabine Potyka

Achtung, jetzt kommt
# Nicky!

Ein kleiner Hund wird groß.

Für Bo.

Ein herzliches Dankeschön an alle,
die mir mit Rat und Tat zur Seite standen!
Ganz besonders an Barbara Hoeffer,
die mit Argusaugen den Text korrigiert hat.

Impressum:

Juli 2001, Veröffentlicht im Selbstverlag
© Sabine Potyka, Braunschweig
Illustrationen und DTP: Sabine Potyka
**Herstellung: Books on Demand GmbH**
ISBN 3-8311-2384-5

# Inhaltsverzeichnis

# Anstatt Vorwort

Dezember 1998. Kalt war es in Deutschland, der erste Schnee war schon gefallen, Braunschweig versank unter einer weißen Daunendecke. Mit einem so frühen Wintereinbruch hatte niemand gerechnet, einzig die Kinder waren hoch erfreut über die weiße Pracht. Und die Hunde! Selbst unser alter Bo, ein inzwischen gut fünfzehn Jahre alter Mischling, hatte Spaß an den dicken Flocken. Ich sah dem Winter mit gemischten Gefühlen entgegen, die Gassirunden unseres Hundeseniors waren in den letzten Wochen zu Schneckenrennen mutiert. Er ging seit dem Herbst quälend langsam und ich fror mangels Bewegung erbärmlich. Er selbst hatte ein dickes Fell, das ihn wärmte, und freute sich einfach daran, seine inzwischen immer enger gewordenen Reviergrenzen abzulaufen, um den anderen Hunden mitzuteilen: „Ich bin noch da!" Trotz hämischer oder mitleidiger Bemerkungen von Nachbarn über seinen schlechten Zustand, der für viele anscheinend ein Anlass für eine „endgültige Lösung" zu sein schien, war ich der Meinung, dass auch ein uralter Hund das Recht auf einen würdigen Lebensabend hatte, und so nahm ich die unangenehmen Umstände für ihn gern in Kauf. Aber wer träumte bei so einem Wetter nicht von Sonne oder Strand?

Im Schaufenster des Reisebüros im Örtchen sah ich ein verheißungsvolles Plakat der sonnigen und bestimmt angenehm temperierten Kanareninsel Lanzarote, 4000 Kilometer südlich gelegen. Vukanischen Ursprungs, die schwarzen Strände berühmt und bestimmt eine gute Möglichkeit, den Unbilden des Schmuddel-Winters für ein paar Urlaubswochen zu entfliehen. Aber kurz zuvor hatte ich in einer Zeitschrift gelesen, dass das Urlauberparadies seine Schattenseite hat, von denen wenige wissen und Touristen nicht viel zu sehen bekommen. Hunde und Katzen vermehren sich unkontrolliert, sie werden von den Einheimischen teilweise grausam misshandelt und schlecht versorgt. Um das Elend vor den Touristen nicht sichtbar werden zu lassen, gibt es auf der Insel vier Tötungsstationen und regelmäßig werden Katzenvergiftungsaktionen durchgeführt.

Vor einigen Jahren wurde der Förderverein Tierschutz Lanzarote e.V. in Deutschland gegründet, um den spanischen Tierschützern im harten Kampf gegen das Tierelend zu helfen. Inzwischen wird ein

Tierheim unterhalten und damit vielen Tieren das Leben gerettet. Neben den notwendigen Kastrationen, um weiteres Elend durch starke Vermehrung zu begrenzen, und der Pflege kranker und verletzter Tiere sowie deren Vermittlung, werden auch einige Tiere, die gute Vermittlungschancen in deutschen Tierheimen haben könnten oder bereits vermittelte direkt ins neue Zuhause, dorthin ausgeflogen.

Während wir vor Kälte schlotterten, erblickten irgendwo auf dieser sonnenverwöhnten Insel vier kleine Hundemädchen das Licht der Welt. Durch eine glückliche Fügung haben sie es geschafft, die rettenden Mauern der Perrera vom Tierschutzverein SARA zu erreichen, bevor ihr junges Leben in einer der unsäglichen Tötungsstationen beendet wurde. Sie waren unter einem Glücksstern geboren, sie durften leben und dies auf eine Art, von der ihre Mutter nicht einmal zu träumen gewagt hätte. Die ersten Wochen ihres Lebens verbrachten die temperamentvollen spanischen Welpen noch in ihrer Heimat, dann sollte für sie die Reise in eine hoffentlich bessere Zukunft beginnen.

Da Tiere nicht ohne Begleitung mitfliegen dürfen, wurden von der Tierhilfe in Spanien immer wieder Flugpaten gesucht, deren einzige Aufgabe darin bestand, die Tiere auf dem Flug pro forma zu begleiten. Wenig Aufwand für die Rettung von Tierleben!

Ein Ehepaar aus Wolfenbüttel fand sich, um die vier Hundekinder als Flugpaten nach Deutschland zu überführen. Die quirligen Welpen wurden mit Hilfe von Beruhigungsmitteln in einen tiefen Schlaf versenkt und in einer Flugbox untergebracht. Ein kleines Kätzchen trat zusammen mit ihnen ebenfalls den Flug ins winterliche Deutschland an und so schliefen die fünf kleinen Flugpassagiere eng aneinandergekuschelt ihrer neuen Heimat entgegen. Sie durften sogar im Passagierraum mitfliegen, der Frachtraum wäre zu kalt für die empfindlichen Hundebabys gewesen.

Auf diese Art und Weise hatten bereits viele Hunde aus dem Süden in Deutschland ein neues Zuhause gefunden. In Deutschland werden sie am Flughafen von deutschen Tierschützern übernommen und zu den Tierheimen gebracht, die sich um die weitere Vermittlung kümmern wollten.

Unsere vier wurden allerdings direkt von dem begleitenden Ehepaar, welches die kleine Katze selbst adoptieren wollte, in deren Heimatstadt Wolfenbüttel gebracht.

Es war inzwischen Mitte Januar und für spanische Hundebabys lausig kalt in der neuen Heimat. Im Tierheim fanden sie liebevolle Betreuung und Menschen, die mit viel Einsatz dafür sorgen wollten, dass sie ein gutes und liebevolles Zuhause bekämen.

# Generationenwechsel: Jetzt kommt Nicky!

April 1999. Der Abschied von Bo Anfang März war uns unendlich schwergefallen. Fast sechs Jahre seines langen Hundelebens hatte er mit uns verbracht. Wir haben mit ihm schöne und auch schwere Zeiten erlebt. Was er uns bedeutet hat, läßt sich kaum in Worte fassen. Nach seinem Tod war eine Ruhe im Haus, die nahezu unerträglich war. Es fehlten die Gassirunden - ein Spaziergang ohne Hund war einfach kein vollwertiger Ersatz. Tausend kleine Dinge verloren ihren Reiz ohne ihn; auch die anfängliche Erleichterung darüber, bei der Planung von Terminen nicht mehr auf seine Bedürfnisse Rücksicht nehmen zu müssen, bekam einen bitteren Beigeschmack: Es war ja auch niemand mehr da, der wartete, der sich über unsere Rückkehr aus ganzem Herzen freuen würde!

Hätte ich nicht schon Anfang Dezember damit begonnen, im hohen Alter von sechsunddreißig endlich doch noch den Führerschein zu machen, hätten wir schon eine neuen Hund zu uns genommen. Bo war bereits als „alter Herr" mit ungefähr neun Jahren zu uns gekommen und es war uns längst klar, dass er nicht unser letzter Hund sein würde. Trotzdem konnte ich mir nicht vorstellen, den „neuen" gleich stundenlang alleine zu lassen. Da sich mein Fahrtalent trotz unerschöpflicher Geduld meines Fahrlehrers nicht so recht entwickeln wollte, zog sich die ganze Geschichte ziemlich in die Länge. Wie gerne wäre ich schon fertig gewesen! Nicht dass es mich drängte, die Straßen unsicher zu machen - nein, einfach nur, damit wir die „Sache mit dem Hund" in Angriff nehmen konnten! Abends kullerte bei mir noch manche Träne um Bo, der für immer unvergessen bleiben würde.

Bo war genau fünf Wochen nicht mehr bei uns, als ich mit einem dicken Klos im Hals vor seinem Grab im Garten stand, um nach den Blumen zu sehen, die ich darauf gepflanzt hatte. In Gedanken sprach ich mit ihm, erleichterte mein Herz.

»Ach, mein lieber Bo, es ist schon schlimm, so ganz ohne Hund! Du fehlst uns ja an allen Ecken und Enden! Selbst das Haus ist mir zu sauber ohne deine Tapsen überall. Aber noch wird es wohl nichts mit einem Nachfolger, dazu muss doch erst diese dumme Führerscheingeschichte überstanden sein. Drück mal deine Pfoten da oben im Hundehimmel, dass ich das bald schaffe!«

Kaum hatte ich meine stumme Zwiesprache beendet, da durchschoss mich wie ein Blitz der Gedanke, dass ich eigentlich längst das Tierheim, aus dem wir Bo damals geholt hatten, von seinem Ableben in Kenntnis setzen sollte! Gleichzeitig konnte ich schon vorsorglich unseren (nach bestandener Fahrprüfung) geplanten Besuch ankündigen. Auf einmal fühlte ich mich viel leichter und beschwingt machte ich mich an die Arbeit. Und dann schrieb ich noch dazu, dass wir aber auch gerne schon jetzt vorbeischauen würden, wenn uns ein passender Hund erwartete. Eine vage Vorstellung von einem maximal einjährigen Schnauzer- oder Terriermischling hatte ich, denn diesmal wollten wir nach unserem Hundesenioren auch die Jugendzeit eines Hundes erleben. Rasse und Geschlecht waren uns nicht so wichtig, er sollte halt einfach nur gut zu uns passen.

Mit dieser Entscheidung aus dem Bauch heraus wollte ich das Schicksal über den „richtigen" Zeitpunkt bestimmen lassen. Meinem Mann Sepp erzählte ich davon. Er war wieder nur auf einen Sprung zum Mittagessen daheim, bevor er eine zweitägige Dienstreise antrat. Er nahm es zur Kenntnis, sagte aber nicht viel dazu.

Als ich den Brief, zusammen mit einem Foto und einer Spende zur Erinnerung an Bo, in den Briefkasten warf, war ich mir meiner Sache ganz sicher: dies war der erste Schritt in die richtige Richtung! Hätte ich geahnt, wie sich die Dinge nun überstürzen sollten, hätte meine Hand sicher dabei gezittert...

Am nächsten Tag, einem Donnerstag, klingelte nachmittags das Telefon. Es war die Leiterin des Tierheims. Sie bedankte sich freundlich für den Brief und bedauerte Bos Tod. Aber ich merkte schon, dass sie mir noch etwas anderes erzählen wollte. Und richtig!

»Wir haben hier ein kleines spanisches Hundemädchen, sechzehn Wochen alt. Sie ist allem Anschein nach ein Schäfer-/Schnauzermix, auf jeden Fall hat sie den Ansatz eines kleinen Bärtchens. Sie ist ganz entzückend.« Sie machte eine kleine Pause und holte tief Luft. »Wir hatten sie schon einmal kurz vermittelt, in eine Familie mit kleinen Kindern. Eigentlich wollten wir sie dort nicht gern hingeben, aber die Leute haben uns so sehr beredet... Na, das Ende vom Lied war, dass sie nach einer Woche schon wieder hier war, da sie angeblich gebissen hat! Als Ihr Brief kam, haben wir alle gleich gesagt: das wäre die Chance für Nicky! So heißt die kleine Hündin. Hätten Sie nicht Lust, sie mal anzusehen?«

Lust war gar kein Ausdruck, am liebsten wäre ich sofort losgefahren. Aber erstens wollte ich nichts im Alleingang machen und zweitens kam das doch ziemlich plötzlich. Meinen Mann erwartete ich nicht vor zehn Uhr abends zurück, am nächsten Tag hatte er auch direkt im Anschluß an seine Arbeit einen unaufschiebbaren Termin außerhalb. Also könnten wir frühestens am Samstag ins Tierheim fahren. Ob man so lange auf uns warten würde?

»Da machen Sie sich keine Sorge, so lange können wir Nicky für Sie schon reservieren und anderen nicht direkt anbieten. Wenn jemand, der geeignet ist, sie trotzdem unbedingt haben will, geben wir sie allerdings dort hin. In erster Linie müssen wir an das Wohl unserer Tiere denken.«

Am gleichen Abend wollte Christine, eine gute Bekannte von mir, Leiterin einer Hundeschule und in dieser Funktion auch mit dem Tierheim verbunden, dort vorbeischauen. Die Tierheimleiterin wusste von unserer Bekanntschaft, daher vermutete sie, dass Christine Nicky für mich genauer inspizieren und mir davon berichten könnte.

So musste ich die Stunden bis zum Anruf bei Christine herumkriegen, vor dem frühen Abend war sie bestimmt nicht daheim. Ich platzte vor Aufregung und Neugier! Um die Zeit zu überbrücken, informierte ich einige gute Freundinnen von der aufregenden Neuigkeit. Noch während des letzten Telefonats klingelte es an der Tür.

Christine! In der Hand ein Polaroid-Foto, das sie mir mit einem Lachen entgegenhielt.

»Guck mal, was ich hier habe!«

Ein Foto von Nicky!

Ein kleines Hundemädchen mit großen Ohren, winzigem Bärtchen und offenem und liebem Blick. Schwarz wie die Nacht der Körper, die Schnauze weiß wie mit einem kleinen Milchbart, die großen Pfoten hellbraun und auf der Brust einige weiße Haarsträhnen. Mit dem Foto in der Hand saß ich den ganzen Abend mit Christine zusammen.

»Nicky ist eine ganz liebe kleine Hündin und passt bestimmt gut zu euch. Ach, das wäre schön, wenn sie bei euch unterkäme, da hat sie es gut!«

Welche Chance, einen Welpen aus dem Tierheim übernehmen zu können! Ich hatte zwar mit dem Gedanken an einen Welpen oder Junghund gespielt, da ich aber einem Hund aus dem Tierheim den Vorzug geben wollte, mochte ich mich nicht zu sehr in diesen Wunsch hineinsteigern. Welpen sind selten zu bekommen oder schnell vergeben, denn fast jeder Interessent möchte gerne einen möglichst jungen Hund haben. Eine „Mischlingszucht" von jemandem, der seine Hündin einfach von dem nächstbesten Rüden hatte decken lassen – aus der Idee heraus, es könnten dabei tolle Hunde entstehen oder weil man dem Ammenmärchen Glauben geschenkt hat, eine Hündin müsse einmal im Leben gedeckt werden – wollte ich auf keinen Fall unterstützen. In der Nachbarschaft war kurz vor Bos Tod ein Wurf junge Hovawarte geboren worden, die zur Zeit alle dringend ein neues Daheim suchten, aber ich hatte es in meinem Kummer noch nicht einmal fertig gebracht, die sicherlich sehr niedlichen Welpen anzusehen, was zu einer erheblichen Verstimmung auf Seiten der stolzen „Welpengroßeltern" führte. Wenn ich ganz ehrlich war, hatte ich auch Furcht davor, mit einem dieser für meine Vorstellungen zu großen Hunde heimzukommen, einfach nur, weil man sich in einen Welpen so schnell vergucken kann. Nein, ich wollte meinen Prinzipien treu bleiben! Bei dieser kleinen Nicky kam alles zusammen, was ich mir gewünscht hatte: Schnauzermischling, jung und aus dem Tierheim. Ob da Bo im Hundehimmel seine Pfoten mit im Spiel hatte? So etwas kann ja fast kein Zufall sein!

Für mich stand fest: die oder keine! Ich hatte sie noch gar nicht richtig gesehen und war doch schon ganz begeistert. Christine strahlte über das ganze Gesicht. Die „Mission Nicky" war anscheinend geglückt. Bestimmt saßen alle Tierheim-Mitarbeiter zu dieser Stunde und hielten für Nicky fest die Daumen. Jetzt musste nur noch Sepp überzeugt werden.

Als er um 22 Uhr endlich kam, hielt ich ihm sofort das Foto unter die Nase.

»Na, die ist doch so niedlich, findest du nicht auch? Und damit sie kein anderer abholt, könnte ich doch morgen einfach mit Christine hinfahren und sie abholen? Wär' das nicht toll?«

»Ich weiß nicht recht, das kommt ziemlich plötzlich. Und was ist mit dem Führerschein? Und überhaupt – hast du dir das wirklich gründlich überlegt? Und sagtest du nicht, sie ist aus Lanzarote? Ist das sinnvoll, die armen Hunde auch noch zu importieren, wo es hier genug Elend gibt?«

Ein wenig Ziererei gehörte bei ihm dazu, schon aus Prinzip. Aber dann strahlte er auch über das ganze Gesicht und man sah ihm an, wie gerne er seinen wichtigen Termin am nächsten Tag abgesagt hätte. Natürlich bekam ich seine Zustimmung, Nicky schon am nächsten Tag bei gegenseitiger Sympathie mitzunehmen – importiertes Hundeelend hin oder her. Nicky konnte ja wirklich nichts dafür, sie war durch ihre „Rückgabe" außerdem jetzt ein Tierheimhund wie jeder andere auch. Christine verabschiedete sich in allerbester Laune, sie war quasi so etwas wie Nickys Patentante geworden. Wir verabredeten uns für halb drei am nächsten Nachmittag.

Die Nacht war absolut chaotisch. Schlafen konnte ich nicht, wälzte mich von einer Seite zur anderen. Ein Gedanke jagte den nächsten. Was kam da auf mich zu? Einen alten, wohlerzogenen und freundlichen Hund wie Bo zu übernehmen, war ein Kinderspiel gewesen im Vergleich zu der Aufregung, die mich mit einem Welpen wohl erwarten würde. Was hatte ich schon alles gehört und gelesen über zerstörte Wohnungseinrichtungen, und schwer erziehbare Hunde, die aggressiv und dominant ihren Menschen das Leben sauer machten. Von Hunden, die man ständig beaufsichtigen musste, da sie stromerten. Waren die südländischen Hunde nicht für ihre Leidenschaft fürs Stromern bekannt? Vielleicht war sie ein Hund, mit dem man nur einsame Wege gehen konnte, weil sie durch ihre Prägung unverträglich war? Wollte ich das wirklich riskieren? Würde ich es schaffen, den Welpen so zu erziehen, dass ich genau wie mit Bo überall gern gesehen war? Sepp beurteilte das alles eher pragmatisch, er sah kaum Probleme, als ich ihm am Morgen von meinen Sorgen berichtete.

»Hat doch mit Bo auch geklappt, und jetzt haben wir doch viel mehr Erfahrung! Mach' dir mal keinen Kopf, das wird schon werden.«

Na, der hatte gut reden, er war für das kleine Wesen auch nicht so verantwortlich wie ich, denn er war viel weniger daheim. Aber er hatte letztendlich recht, man musste abwarten und sehen, wie sich alles entwickeln würde – jetzt, wo der erste Schritt gemacht war!

Meine Spannung stieg. Um mich abzulenken, deckte ich mich vormittags im Supermarkt mit einigen Kauartikeln für Nicky ein, kaufte eine Hundeflauschdecke und eine neue Leine, die es gerade beim Kaffeehändler im Angebot gab. Ich fühlte mich so kurz vor dem Tierheimtermin äußerst seltsam, fast wie damals kurz vor dem Termin auf dem Standesamt. Ob wohl alles klappen würde? Und wenn sie mich nicht mag? Ich könnte sie doch nicht einfach einpacken und mitnehmen!? Mir war regelrecht schlecht vor Aufregung. Die Zeit zog sich wie Kaugummi, Sekunden wurden zu Stunden. Die letzten Minuten ohne Hund!

Endlich war es so weit! Ich hatte mir ganz alte Jeans und ein T-Shirt angezogen, denn sicherlich würde mich der junge Hund schmutzig machen. Diese Montur würde für die nächste Zeit meine Alltagskluft werden. Zwischenzeitlich hatte ich auch ein paar alte Handtücher zusammengepackt, falls dem Welpen im Auto schlecht werden sollte. Obendrein eine Decke, die ich im Austausch gegen ihre vertraute Decke aus dem Körbchen im Tierheim lassen wollte, außerdem noch Ausweis und Portemonnaie, damit ich sie gleich mitnehmen konnte, wenn sie mich akzeptierte. Morgens hatte ich im Tierheim mein Kommen angekündigt, mich genauer nach Nicky erkundigt und war jetzt außerordentlich gespannt.

Christine war bester Laune, man sah ihr förmlich an, daß sie sich für die ganze Aktion mitverantwortlich fühlte.

Wir waren viel zu früh am Tierheim und standen enttäuscht vor der verschlossenen Pforte. In den Zwingern wurden die dort untergebrachten Hunde durch unser Auftauchen nervös und begannen zu bellen. Irgendwo da drinnen wartete ein kleines Hundemädchen auf ihre Menschen. Oder schlief sie seelenruhig? Wie mochte sie in natura aussehen? Ob sie wohl ahnte, was da auf sie zukam?

Vor fast sechs Jahren hatten wir hier an dieser Stelle Bo kennen gelernt. Wie sehr hatte sich mein Leben daraufhin geändert! Nichts war mehr so wie vorher, ich hatte eine ganz andere Lebenseinstellung durch diesen brummigen alten Plüschbären mit Hundeseele gewonnen. Was würde dieses Hundekind alles mit mir anstellen?

Endlich kamen die Tierheim-Mitarbeiter von ihrer Mittagspause. Es war so weit!

Eine junge Frau schloss die Tür auf und ein schlaksiger schwarzer junger Hund, der wohl schon hinter der Tür gesessen hatte, schoss auf sie zu. Das dünne Schwänzchen propellerte wie wild, er hüpfte auf und ab und begrüßte sie freudig. Ein kleiner See verzierte anschließend die Fliesen…

Nicky!

Natürlich hatte sie keine Augen für mich, musste sie doch erst einmal alle Menschen ausführlich begrüßen, die sie kannte. Im Haus entstand bereits ein ziemliches Gewusel und Gewimmel von Menschen und Tieren, es kamen einige Gassigeher, Interessenten standen schon wartend auf dem Flur und inmitten dieses Getümmels eine fröhliche kleine Hündin. Sie folgte uns vertrauensvoll, als wir sie aufforderten mit uns hinaus in das eingezäunte Tierheimgelände zu gehen. Draußen war es angenehm warm, die Sonne strahlte. Im lichten Schatten eines blühenden Busches fing ich behutsam an, mich mit Nicky bekannt zu machen, redete leise und freundlich auf sie ein, damit sie vor mir keine Scheu hatte. Wir fanden einen alten Tennisball und ziemlich schnell hatte sie begriffen, dass ich mit ihr spielen wollte. Das fand sie toll. Christine hatte mitgespielt, dann einige Fotos gemacht, um diese denkwürdigen Minuten festzuhalten, und sich schließlich noch ein wenig im Tierheim umgesehen.

Zum ersten Mal war ich mit Nicky allein. Sie gefiel mir außerordentlich gut. So ein freundliches Wesen, gelassen und nicht aus der Ruhe zu bringen. Im schwarzen Gesicht kugelrunde kleine rotbraune Rosinen-Augen, die mich freundlich und offen anblickten, das putzige Milchbärtchen und natürlich ihre lustigen großen Tütenohren, die ab und zu in den Spitzen ein wenig herunterhingen, gaben ihr ein drolliges Aussehen. Bo hatte auch so wunderschöne Ohren gehabt… Ich war mir sicher: mit ihr würden wir viel Freude haben!

Ich unterhielt mich mit den Tierheim-Mitarbeiterinnen und kam zu der Erkenntnis, dass sie Nicky mit einem lachenden und einem weinenden Auge gehen lassen würden. Sie war der Liebling aller. Ihre Geschwister waren schon seit gut einem Monat in ihren neuen Familien, nun wurde es auch für Nicky höchste Zeit, ein neues Heim zu finden. Ich spürte, dass sie nicht jedem gegeben worden wäre, noch eine schiefgegangene Vermittlung wäre für dies junge Hundekind fatal gewesen! Ich war jetzt fest entschlossen, mich mutig der neuen Verantwortung zu stellen, ihr eine gute Zukunft zu bieten. So unterschrieb ich schließlich den Tierübereignungsvertrag, bezahlte und wurde damit zu Nickys neuem „Frauchen".

Was für ein Gefühl!


Vor der Abfahrt in Christines neuem praktischen Auto mit Schiebetür machten wir schnell noch ein paar Schritte in Richtung Grün, damit Nicky nötige Geschäfte erledigen konnte. Derweil packte Christine Nickys Habe ein. Ihren kleinen Korb hatte ich leihweise mitbekommen, damit Nicky in der für sie ganz fremden Umgebung etwas

Vertrautes haben würde. Eine Schlafecke für sie hatte ich aus drei übereinandergelegten Decken (zu oberst die neue Hundeflauschdecke vom Kaffeehändler) daheim schon vorbereitet. Bo hatte nie im Korb gelegen, er bevorzugte den dicken Wohnzimmerteppich „pur". Nicky wollte ich an einen Korb gewöhnen. Na, man würde sehen…

Nicky saß in ihrem Korb neben mir auf der Rücksitzbank und war super-brav, legte sich gleich hin als das Auto anfuhr und schaute nur bei den gelegentlichen Ampelstops interessiert auf. Autofahren schien ihr zu gefallen. Wenig später standen wir bepackt vor unserer Tür, Nicky an der Leine ganz mutig immer vorneweg. Zuerst führte ich sie in Haus und Garten herum. Sie schnupperte hier und da, besonders auf dem Teppich gab es einige Stellen, die ihr Interesse hervorriefen. Klar - da hatte Bo immer gelegen! Sein Duft schien für Nicky immer noch wahrnehmbar zu sein, so wie er in Gedanken auch immer noch bei uns war. Nicky gefiel ihr neues Heim anscheinend, sie soff ein wenig aus dem bereitgestellten Wassernapf und auch das Futter, welches wir vom Tierheim noch mitbekommen hatten, wurde probiert. Sie hatte sich dort eine Taktik einfallen lassen, um am Futternapf, der mit Trockenfutter dort den ganzen Tag für die Welpen zugänglich stand, eine ausreichende Portion für sich zu ergattern. Sie mümmelte die kleinen Brocken in ihr Maul bis sie beide Backen gefüllt hatte und rannte dann in den Garten, suchte sich ein schattiges Plätzchen, spuckte alle Futterbröckchen vor sich ins Gras und fing anschließend an, sie genüsslich und sorgfältig kauend zu verspeisen. Das erinnerte mich sehr an meinen Goldhamster Moritz aus Kindertagen!

Dann legte sie sich erst in ihr altes Körbchen, wenig später wechselte sie auf die neue Hundeliegestätte, die ich für sie vorbereitet hatte. Vielleicht gefiel es ihr, einen Platz zu haben, der nur nach ihr roch?

Christine ließ uns, als sie sicher sein konnte, dass nun alles seine Richtigkeit haben würde, allein. Sie hatte ihre Welpengruppe zum Außentermin auf den Bahnhof bestellt. An dieser Gruppe würden eventuell Nickys Schwestern teilnehmen. Ganz sicher war sie nicht, sie wusste nur, dass die gleichaltrigen Hündinnen auch aus dem Tierheim Wolfenbüttel kamen und ebenfalls aus Lanzarote stammten. Sie wollte sich gerne für mich erkundigen. Sollte das wirklich der Fall sein, konnte sie sicher sein, dass wir mit Nicky bei ihr „zur Schule" gehen würden. Vielleicht finden es auch Hundekinder nett, wenn sie Familienkontakt haben?

Nicky und ich waren allein. Sie lag ganz entspannt und machte ein Nickerchen. So ein süße kleine Motte! Seltsam, eigentlich hätte ich doch vor Freude juchzen müssen, aber mir kamen tatsächlich die Tränen. Vielleicht war das in der letzten Zeit alles zu viel gewesen? Die Trauer um Bo war durch Nicky nicht einfach beendet. Er hätte sich aber zweifellos über diese kleine Hündin gefreut und sie war ohne Frage eine würdige Nachfolgerin. Doch der Schmerz um ihn wurde durch Nicky nicht kleiner - aber vielleicht hatte ich jetzt weniger Zeit, darüber in Tränen auszubrechen. Bo hatte seine Zeit gehabt und nun kam die Zeit mit Nicky. Darauf wolle ich mich freuen! Freude muss man teilen. Wie dumm, dass Sepp mal wieder nicht da war! Na dann eben nicht! Stattdessen telefonierte ich mit unserer Freundin Jutta, die in der Nachbarschaft zusammen mit ihrem Schäferhund Prinz lebt.

»Hallo Jutta. Stell Dir vor: neben mir liegt ein junger Hund! Es hat tatsächlich geklappt. Sie ist ja so süß, sie hat ein Milchbärtchen und....« Sie ließ sich Nicky gar nicht erst beschreiben, sondern machte sich umgehend auf den Weg, um die kleine Hundedame aus der Nähe zu sehen. Was war sie begeistert!

»Oh, wie der kleine Prinz damals!« rief sie aus, bevor sie die süße Kleine durchwuselte. Die hatte noch geschlafen, war davon erwacht und ließ alles willig geschehen. Gegen Menschen hatte sie anscheinend absolut keine Vorbehalte. Wie schön, dann hatte sie hoffentlich auch kaum schlechte Erfahrungen in ihrer ersten Familie gesammelt?!

Wir brachten Jutta nach Hause, denn ich wollte Nicky ihr direktes Umfeld zeigen, die Ecken und Flächen, an denen alle Hunde des Viertels ihre Neuigkeiten austauschten. Als Prinz einen Blick über den Gartenzaun warf, um Nicky zu begutachten, und anfing lautstark zu bellen, bekam sie es mit der Angst zu tun. So ein großer Hund! Ein Riese! Schnell lief sie, so weit es die Leine zuließ, setzte sich dort und beäugte den starken Kerl. Dann fing sie an zu kläffen, dabei machte sie eine ziemliche Bürste. Wie fürchtete sie sich! Es fiel mir so schwer, sie nicht zu streicheln, zu trösten und ihr zu erzählen, dass alles in Ordnung sei. Das hätte sie für ihr ängstliches Verhalten nur belohnt, wie mir Christine schon vor einiger Zeit mal erklärt hatte. Also ganz gelassen bleiben… Am besten nicht beachten.

Na, da hatte ich noch viel zu lernen!

Der restliche Ausflug ums Haus gefiel Nicky, interessiert schnüffelte sie an den vielen Mitteilungen der anderen Vierbeiner. Die würde sie bald alle kennen lernen. Wieder daheim spielten wir, dann machte sie wiederum ein Nickerchen. Kleine Hunde brauchen noch viel Schlaf – und die betreuenden Menschen die dadurch entstehenden Ruhepausen. Puh, es war tatsächlich ganz schön anstrengend mit solch einem kleinen Wusel, man kam kaum zur Ruhe…

Dann war es endlich Abend und Sepp kam nach Hause. Ich war gespannt, wie sie ihm (und er ihr) gefallen würde. Um es kurz zu machen: es war Zuneigung auf den ersten Blick! Kein Fremdeln, gleich große Freude bei ihr über den Menschen, der da kam. Und Sepp strahle seit langer Zeit mal wieder, wurde er doch endlich wieder von einer feuchten Hundeschnauze begrüßt. Die kleine „Pipipfütze" bei der Begrüßung war schnell beseitigt, denn natürlich hatte sie ihre Blase in solch aufregenden Situationen noch nicht so ganz unter Kontrolle. Außerdem pinkeln kleine Hunde vor lauter Ergebenheit zur Begrüßung und dies ist ein völlig normales, instinktives Verhalten.

Die Nacht verbrachte Nicky vor meinem Bett, wo ich ihr mit einigen Decken ein weiteres weiches Lager bereitet hatte. Alleine im Wohnzimmer wollte sie nicht liegen. Als Nicky direkt vor meiner Nase lag, stellte ich fest, dass sie sehr herzhaft „duftete". Das würde sich hoffentlich noch verlieren. Sie schlief ruhig und entspannt, so als ob sie schon immer bei uns gewesen wäre. Einmal meldete sie sich in der Nacht und wollte hinaus zum „Pipi machen", ansonsten war sie eine angenehme Zimmergenossin.

Was für eine Freude, wieder einen Hund neben sich schlafen zu hören!!

# Endlich wieder ein Hund im Haus

Samstag früh weckte uns Nicky, sie hatte ein dringendes Bedürfnis. Sie war so gut wie stubenrein, nur beim Spielen vergaß sie weiterhin schnell, dass „Pipi" in den Garten gehörte und nicht ins Haus.

Gleich nach dem Frühstück kam Lady, die Cairnterrierhündin aus der Nachbarschaft, mit ihren Menschen vorbei. Es hatte sich schon herumgesprochen, dass wir einen neuen Hund hatten. Lady war gut ein halbes Jahr älter als Nicky, während ihrer Welpenzeit im vorherigen Sommer hatte Bo sie unterwiesen wie man aus unserem Teich saufen und ihn auch als Badeschüssel verwenden kann. Diese Fertigkeiten (allerdings nur das Saufen, Lady war ansonsten eher wasserscheu) gab sie umgehend an Nicky weiter und nach einer kurzen Begrüßung tobten die beiden wie wild durch den Garten. Nicky war als Hundekind immer in Spiellaune, auch Lady hatte ihren Spaß. Noch passten die beiden Hündinnen von der Statur zusammen, ein paar Wochen später konnte Lady bereits ohne Probleme unter Nicky hindurchlaufen – beim Toben ein unschätzbarer Vorteil!

Ladys Familie freute sich mit uns über den „Familienzuwachs", unkte aber herum, was Nickys spätere Größe anging.

»Na, die Pfoten sind ja ganz schön groß. Da wird sie sicher viel größer als Bo es war! Wir dachten, ihr wolltet einen höchstens mittelgroßen Hund?«

Ja, rein theoretisch war das so gedacht, aber inzwischen war es mir egal, wie riesig Nicky werden würde. Dass sie kein Zwergdackelformat hatte war eindeutig, aber ich war mir sicher, dass sie kleiner als die

Hovawartwelpen aus der Nachbarschaft bleiben würde. Deren Pfoten waren, obwohl einige Wochen jünger, wesentlich größer als Nickys. Nickys Pfoten entsprachen in etwa denen von Bo. Angeblich sind die Pfoten einer der wenigen Hinweise auf die spätere Größe eines Welpen. Ein Mischlingswelpe ist nicht nur in dieser Hinsicht eine echte Wundertüte: man weiß nie, was in ihm steckt!

Im weiteren Tagesverlauf besuchten wir ein Zoogeschäft, um Nicky ein neues Halsband, Futter sowie ein schönes Körbchen zu kaufen. Nicky, die natürlich mitkam, staunte nicht schlecht, als wir mit ihr die Regalreihen abliefen. Ein wahres Hundeschlaraffenland war das! Aufgrund der unsicheren Größenentwicklung unserer jungen Hundedame kauften wir sicherheitshalber ein Körbchen für Schäferhunde, das war meiner Meinung nach ausreichend. Es war eine praktische Kunststoffwanne, auswaschbar und pflegeleicht. Ein Halsband brauchte sie auch, ihres schloss schon im letzten Loch und war daher demnächst zu klein. Was gab es nicht alles für wunderschöne Exemplare, aber im Wachstum würde sie öfter ein neues Halsband brauchen. So wählten wir ein preisgünstiges knallrotes Exemplar aus Nylon. Das sah besonders niedlich an unserem schwarzen Welpen aus. Wir legten später das alte abgenutzte Lederhalsband aus dem Tierheim zu dem angeknabberten grauen Leih-Körbchen mit der müffelnden Decke. Ein anderer Welpe würde es gut gebrauchen können. In den nächsten Tagen wollten wir alles gründlich gereinigt wieder zurückbringen.

Ach, was war das für ein aufregender Tag für uns alle! Wieder ein Hund an der Seite, wieder Gassirunden machen und sich aus ganzem Herzen freuen können über das Geschenk, welches uns mit dieser lieben „Maus" gemacht worden war. Nicky hieß bei uns schnell auch „Maus", da sie mit ihren großen Ohren durchaus an Mickymaus erinnerte. Von Mickymaus zu „Nicky-Maus" zu „Maus" war ein ganz kleiner Schritt.
Von allen Seiten kamen bei den Gassirunden Entzückensrufe von anderen Hundebesitzern, Nicky legte von Anfang an einen Charme an den Tag, der seinesgleichen suchte. Sicher und souverän im Umgang mit anderen Hunden erwies sie älteren Tieren sofort ihre Referenz, kroch mit wedelndem Schwänzchen auf sie zu, teilweise in Begleitung eines Beschwichtigungspipis, um ihnen von unten her ums Maul zu lecken. Das kam bei den Hunden der Umgebung anschei-

nend gut an. Nur bei einigen recht rüpelhaften Rüden hatte sie mit ihrem Kleinmädchen-Charme keine Chance – Prinz grummelte sie vom ersten Tag an aus und auch Lukas, ein Schäfer-Colliemix, fand an ihr kein Interesse. Alle anderen waren lieb zu ihr, auch wenn gerade die etwas älteren Hunde ihr schnell zeigten, dass sie ihr gut ausgeprägtes Temperament etwas zügeln müsse. Nicky zeigte unverdrossen aufrichtige Bewunderung, z. B. für die Retrieverdame Biene, die so viel Ehrbezeugung recht stoisch entgegennahm, und sich sogar hinlegte und abschnüffeln ließ. Seit dieser Zeit war Biene Nickys Idol. Sie bei einer Begegnung über die Straße hinweg nicht direkt mit einem Hundeküsschen zu begrüßen, war ihr unvorstellbar!

Auch die Menschen zeigten ihre Freude über unsere kleine Spanierin, allerdings bestätigten viele das, was uns schon seit einiger Zeit in die Nase stach: sie stank! Im Tierheim war sie im Katzenhaus untergebracht gewesen, hatte noch wenig Erfahrung mit Sauberkeitserziehung gemacht und daher bestimmt mal im eigenen Pipi gesessen. Sie roch durchdringend – ein ziemlich animalischer Geruch... Dieses zarte Würmchen gleich am Anfang in die Dusche zu stellen und abzuseifen fand ich nicht gerade vertrauensbildend. Nun, man würde sehen...

Der Familie und einigen Freunden hatten wir bereits von unserem „Hundebaby" berichtet, Sepp hatte sogar eine kurze Video-Sequenz als E-Mail aufbereitet und weggeschickt. Es kamen bald Rückmeldungen, alle wollten genauer wissen, was sich da unter „Klein, stark, schwarz" bei uns eingefunden hatte. Diese Anteilnahme tat gut, zeigte sie doch, dass all diese Menschen unseren Kummer um Bo nachfühlten und sich jetzt ebenso wie wir daran freuten, dass ein kleines Lebewesen solch großes Glück gehabt und dem Tod in Spanien von der Schippe gesprungen war, um bei uns ein behütetes Hundeleben führen zu können.

Meine Brieffreundin Regina, die ich übrigens durch Bos „Vermittlung" bzw. das Buch über ihn fand, hatte uns eine Woche vor diesem denkwürdigen Ereignis besucht und noch ganz deutlich meine Trauer gespürt. Gemeinsam mit ihr hatte ich beim Stadtbummel allen Hunden hinterhergesehen. Sie hatte ihren alten Flecki, ebenfalls ein ehemaliger Tierheimhund und inzwischen blind, daheim bei ihrem Ehemann gelassen und fühlte sich so ohne Hund ebenfalls unglücklich. Nun war sie ganz erstaunt, wie schnell sich bei uns alles geändert hatte.

»Na, da hätten wir doch schon letztes Wochenende mal im Tierheim schauen können« flachste sie am Telefon. Diese Idee hatten wir als unrealisierbar bei der Planung ihres Besuches gar nicht erst weiterverfolgt. Der Führerschein und überhaupt… Bestimmt wäre Nicky auch schon dort gewesen, aber *ich* war damals noch nicht so weit. Alles zu seiner Zeit!! Jetzt würde es allerdings etwas dauern, bis sie Nicky persönlich kennen lernen konnte, denn zwischen uns lagen gut sechs Stunden Fahrt. Ich versprach ihr viele Fotos und immer aktuelle Berichte über Nickys Entwicklung.

Sibylle, eine andere liebe Brief- und Telefonfreundin, Hovawart-Züchterin und sehr erfahren mit jungen Hunden, half mir umgehend mit sehr guten Tipps und Hinweisen, damit bei der Grunderziehung nicht viel schief gehen konnte. Meine Namensvetterin Sabine, eine weitere Brieffreundin aus Berlin mit ebenso viel Erfahrung mit „Problemhunden" wollte als dritte „Patentante" an der Erziehung mitwirken. Ich hoffte daher, mit den vielen neuen Problemen die auf uns zukamen, gut zurechtzukommen. Bei so vielen guten Feen an ihrem Körbchen musste sich das kleine Hundemädchen doch eigentlich gut entwickeln!

Das Wochenende war ausgefüllt mit kurzen Gassirunden, Spieleinlagen und dem Studium entsprechender Fachliteratur, wenn Nicky schlief. Bisher hatte ich mich wenig mit Welpenerziehung beschäftigt, dafür kannte ich mich wirklich gut mit den Bedürfnissen älterer Hunde aus. Wenn ich geahnt hätte, dass einmal ein Welpe bei uns einziehen würde, hätte ich in den vielen Fachzeitschriften die Erziehungstipps gründlicher studiert. Nun hatte ich das Gefühl, auf sehr fremden Terrain zu agieren. Ich nahm mir vor, in der folgenden Zeit alles gründlich nachzuholen.

Sibylle, die Züchterin, hatte kurz vorher ein wunderschönes Fachbuch veröffentlicht, in dem es darum ging, wie man die Anschaffung eines Hundes am besten planen und realisieren könnte. Wir hatten alles ganz anders gemacht, hatten keine Ahnung von Nickys Eltern, ihrer Welpenstube und ihrer frühen Prägung. Wir wussten nicht, welche Erbanteile sich in ihr vereinigten und welcherart ihr Charakter sein würde. Wir hatten Nicky nicht schon über eine längere Zeit bei ihrer Mama besucht und uns noch nicht einmal aus einem ganzen Wurf einen Welpen ausgesucht, der zu uns passen würde. Wir hatten einfach den Welpen genommen, der zu einem bestimmten Zeitpunkt an einem bestimmten Ort auf uns gewartet hatte. Ladys Menschen hatten ein Jahr zuvor einen renommierten Züchter ausgewählt, hatten den Hund regelrecht „bestellt", waren über Zeugung und Geburt unterrichtet worden, hatten Klein-Lady als Säugling besucht und uns so vorgelebt, wie man es richtig anging. So gesehen waren es bei uns nicht gerade die besten Voraussetzungen für ein optimales Hund-/Menschgespann. Aber trotz dieser unprofessionellen Vorbereitung war ich fest davon überzeugt, dass dieser wilde spanische Feger unser Traumhund werden würde. Und ich war wild entschlossen, alles dafür zu tun, Nicky eine wunderschöne Jugend erleben zu lassen.

# Einschulung

Die neue Woche fing damit an, dass wir Nicky bei unserer Tierärztin vorstellten, die sie einmal durchchecken sollte, um dann die noch fehlenden Impfungen zu verabreichen.

Als wir am frühen Nachmittag mit der tapferen Maus die Behandlungsräume betraten, wurde sie und natürlich auch wir – in dieser Reihenfolge, was ich als äußerst positiv empfand – ganz herzlich begrüßt:

»Na du Süße, ja wer bist du denn? Du bist ja eine kleine niedliche! Na, dich hätte ich mir aber auch ausgesucht.«

Voller Ergebenheit ließ Nicky sich auf den Untersuchungstisch heben und untersuchen, ließ sich in die Ohren schauen, abhorchen und an den intimeren Stellen begutachten. Sie hatte, wie ich ebenfalls bemerkt hatte, ein wenig „Ausfluss", was laut der Tierärztin ganz normal und hormonell bedingt war und mit der Reife dann verschwinden würde. Ansonsten war sie gesund, alle bisher nötigen Impfungen wurden vom Tierheim richtig durchgeführt und den Termin für die weiteren legten wir gleich fest. Die freundliche junge Tierärztin beglückwünschte uns zu unserer süßen Maus und empfahl dringend den Besuch einer Welpengruppe, auch wenn die Grundimpfungen noch nicht vollständig abgeschlossen waren. Ein gutes Sozialverhalten ist so enorm wichtig und jeder Tag entscheidend!

Die ganze Zeit hatte uns vom Garten her eine junge blonde, kurzhaarige Hündin durch die geschlossene Terrassentür zugesehen.

»Das ist Meggy. Sie kommt aus dem ehemaligen Jugoslawien, also auch so ein Glückskind wie Nicky. Na, habt ihr Lust, euch mal bekannt zu machen?«

Nicky schaute ganz interessiert, daher öffnete die Tierärztin die Tür, Meggy kam herein und nach kurzem Beschnuppern fingen die beiden fast gleichgroßen Hündinnen sogleich an zu spielen. Nicky war überglücklich. Die Untersuchung hatte sie augenblicklich vergessen. Beim nächsten Termin, der fehlenden letzten Impfung, hatte sie ihre Augen ausschließlich auf die Tür mit Meggy dahinter gerichtet. Überhaupt war der Besuch bei „ihrer" Tierärztin für sie ein positives Erlebnis. Selbst später, als sie schon mehr als eine schmerzhafte Erfahrung hinter sich hatte, ging sie noch überaus gerne dorthin. Das lag wohl auch an der heiteren, liebevollen und fröhlichen Atmosphäre und daran, dass sich im Wartezimmer oft jemand zum Spielen für sie fand.

Wir hatten also grünes Licht für den Besuch der Welpengruppe und beschlossen, einen ersten Termin zu wagen. Die Gruppe traf sich zu einem Außentermin ganz in unserer Nähe, wie ich von Christine erfuhr, als diese mir vormittags mitgeteilt hatte, dass die beiden anderen Lanzarote-Hündinnen mit größter Wahrscheinlichkeit Nickys Schwestern waren.

Nicky sollte in den ersten Monaten noch keine langen Märsche unternehmen, wir drehten vorerst nur kurze Runden – nicht viel weiter als mit Bo zum Schluss – allerdings in einem etwas höherem Tempo. Als wir mit dem Auto auf den Parkplatz fuhren, hörten wir schon lautes Gebell, über dem Platz lag eine dicke Staubwolke in der lauen Abendluft. Eine gute Woche vorher war hier das Osterfeuer abgebrannt worden, nun staubten Aschereste die Hundekinder und ihre Menschen mächtig ein. Wie gut, dass das Wetter trocken war! Ein wildes Gewusel, Schwänzchen und Pfoten wirbelten durch die Luft, eine Menge Menschen standen herum. Puh – so eine große Gruppe! Nicky blieb ängstlich an unserer Seite. Wo war ihr Selbstvertrauen? Schon stürzte die wilde Meute heran, hatte sie doch ein neues Hundekind gesichtet, das sie begutachten wollte. Nicky flüchtete sich zwischen meine Beine, könnte sie sprechen, hätte sie sicher ausgerufen:

»Hilf mir – nimm mich bitte auf den Arm«, oder so ähnlich. Jetzt ganz ruhig bleiben, sagte ich mir, sonst belohne ich sie noch für ihre Angst. Und da klang es auch schon von Christine:

»Alle mal zur Seite, die kleine Hündin hat Angst. Bitte nicht streicheln oder bemitleiden!«

Nicky war das alles zu viel. Einerseits hätte sie sicher gerne gespielt – aber so viele Hunde…! Andererseits war es aber genau das, was sie lernen musste: dass sie keine Angst zu haben brauchte. Für das erste Mal hatte sie meiner Meinung nach ganz gut reagiert, beim nächsten Treffen würde es sicher noch besser klappen. Immerhin war sie doch erst ein paar Tage bei uns, woher sollte sie die Sicherheit nehmen, welche die anderen Welpen schon in den letzten Wochen bei ihren Menschen gewonnen hatten?

Ich wollte aber, bevor wir den Ort des turbulenten Geschehens verließen, doch einmal schauen, ob ich nicht Nickys Schwestern entdecken könnte. Ich fragte Christine, sie zeigte auf zwei Welpen, die inzwischen auch vorwitzig auf Nicky zugelaufen kamen, die inzwischen abseits stand. Bei der einen Hündin hatte ich keine Zweifel: die gleiche Statur, schwarz-braunes Fell und einen langen, wie geflochten wirkenden dünnen Schwanz, ein winziger Ansatz eines Bärtchens. Allerdings schien das Gesichtchen heller zu sein, die Flecken auf der Brust ausgeprägter. So wie die Hunde sich begrüßten, war mir klar, dass sie sich wirklich kannten. Die Freude war übergroß! Die zweite Schwester war etwas kleiner als Nicky, hatte noch ein weiches Welpenfell und wirkte sehr zart. Die dazugehörigen Familien hatten sich zu uns gesellt, auch sie waren natürlich neugierig, ob sich die Schwestern wiedererkennen würden. Wie ich erfuhr, war die kleine Mandy während der Zeit im Tierheim schwer krank gewesen und musste einige Zeit in einer Tierklinik versorgt werden. Daher war sie in ihrer körperlichen Entwicklung etwas zurück. Dann hatte sie auch noch Bisswunden davongetragen, als sie im Tierheim über Nacht mit einer älteren Hündin zusammengesperrt worden war. Die Narben würden immer sichtbar bleiben. Aber sie war trotz dieses schweren Schicksals genauso fröhlich und munter wie die größere Schwester Lisa, die einen sehr robusten Eindruck machte. Was für eine interessante Begegnung!

Die Kinder beider „Schwesterfamilien" freuten sich Nicky wiederzusehen, sie erinnerten sich natürlich an den Tag, als sie sich „ihre" Hunde ausgesucht hatten. Die Anzeige hatte ich auch gelesen: „Kleinbleibende Schnauzermischlingswelpen" wurden drei Tage nach Bos Tod vom Tierheim angeboten. Damals war ich noch nicht so weit, einen neuen Hund aufnehmen zu können, aber die Anzeige war mir ins Auge gestochen und ich hatte sehr bedauert, dass es der falsche Zeitpunkt war. Und jetzt hatten wir doch einen Welpen aus diesem Wurf erhalten! Vielleicht sollte es so sein, dass Nicky von der anderen Familie zurückgegeben wurde? Ich glaube bekanntlich nicht an Zufälle…

»Hallo Nicky«, versuchte der kleine Junge, der anscheinend zu Lisa gehörte, sie zu locken.

»Ach, wie süß – Nicky ist ja niedlich geworden« kam es von der menschlichen „Schwester" von Mandy. Nicky reagierte allerdings nicht wie gewünscht – sie war einfach zu geschafft und wollte auch nicht mit den Schwestern spielen. Es war wirklich höchste Zeit, das Hundekind nach Hause zu bringen.

Eine Woche später fand das Training auf dem Hundeschulgelände statt und Nicky wurde erstmal in die „Vorschulklasse" zu den ganz kleinen Welpen gesteckt, damit sie ihre Scheu ab- und Selbstvertrauen aufbauen konnte. Hier war sie die älteste und schnell fand sie Spielkameraden. Der schwarze Balou, ein Dogge-Schäferhundmix und gut drei Wochen jünger (in diesem Alter war jede Woche ein großer Schritt), hatte es ihr gleich angetan, aber auch Lotte, eine kleine Welsh-Terrierhündin und im Verhältnis zu ihr winzig klein, spielte ausgelassen mit

ihr. Die kleine Lotte war alles andere als ängstlich. Mehrfach hüpfte sie beim Rangeln auf Nickys Bauch wie auf einem Trampolin herum und ließ sich auch sonst nicht die Butter vom Brot nehmen.

Natürlich sollten die kleinen Welpen auch etwas lernen. Spielerisch wurden sie an verschiedene Untergründe (Plastikplane, Holzbretter etc.) und „seltsame" Gegenstände (flatternde Bänder, kurze Kriechtunnel, buntes Spielzeug etc.) herangeführt, zwischendurch knallte eine Spielzeugpistole. Die Hunde ließen sich von nichts beeindrucken, balancierten mutig über ein leicht schwankendes Brett und zeigten deutlich, wie stark die Bindung an ihre Menschen schon war. Sie wurden in einiger Entfernung festgehalten und wir mussten sie einzeln rufen. Kam sie, oder kam sie nicht? Nicky kam natürlich sofort und wie der Blitz! Sie wusste, wohin sie gehörte. Kurz und gut – es war ein lehrreicher Heidenspaß für alle – Mensch und Hund.

Kleine Hunde sind wirklich alle süß – da tat es gut, dass die Trainerin Christine emotionale Distanz bewahrte und uns immer wieder auf unsere Fehler hinwies. Wir lernten den gezielten Einsatz von Leckerchen und Lob und den Gebrauch der Stimme. Man glaubt gar nicht, wie schwer sich so manche menschliche (besonders die in der Gruppe äußerst dünn gesäten männlichen) Wesen tun, einen kleinen Hund richtig zu loben (überschwänglich, mit hoher Stimme – fast wie Mickymaus). Schimpfen ging viel einfacher... Wir wollten versuchen, die kleinen Wesen in erster Linie durch positive Bestärkung ohne den früher in der Hundeerziehung übliche Kasernenhofton zu erziehen. Dass das ein guter Weg für einen normal veranlagten Hund ist, hatten wir am Beispiel Waldo, dem Pflegehund der Trainerin Christine, in den letzen Jahren selber beobachten können. Als sie ihn ins Training nahm, war er ein wüster Raufer, unerzogen und wild. So hatten wir ihn kennen gelernt, als er mit Bo so manche Meinungsverschiedenheit ausgebellt hatte. Inzwischen war er ein Musterhund, beherrschte sogar viele Kunststückchen und war der Liebling aller Welpen. Dies allerdings ganz zu seinem Leidwesen, denn die kleinen Wusel fand er eher lästig, ließ sich aber huldvoll bewundern und zeigte die Geduld einer Kinderschwester. Vom Rambo zum Kindergartencop, wer hätte das gedacht?

Auf dem zweiten Übungsplatz übte parallel Lisas und Mandys Gruppe, die ab und zu ihre Schnauzen durch den Zaun steckten, um zu sehen, was sich bei den „Babys" so tat. Auch ich schaute manches Mal, was Nickys Schwestern alles lernten. Sie übten schon erste „richtige" Befehle wie z. B. „Sitz"! Aber Nicky sollte ruhig noch spielen und sich nur wohl fühlen, der „Ernst des Lebens" würde sie noch schnell genug einholen.

Nicht viel später wurde Nicky dann tatsächlich in die Gruppe ihrer Schwestern „versetzt", sie war im Verhältnis zu den ganz kleinen Welpen zu groß und auch schon zu alt geworden. An die Situation in der Hundeschule hatte sie sich gewöhnt, sie wurde fast verrückt vor Begeisterung, wenn es hieß: »Komm, wir fahren zur Hundeschule.«

Sie bekam das ohne Worte schon im Vorfeld mit, wenn wir die Gürteltasche mit Leckerchen auffüllten und es zum Auto ging. Autofahren war sowieso eine ihrer Lieblingsbeschäftigungen. Kamen wir den Weg zur Hundeschule hinauf, wurde sie zappelig, kreischte vor Freude in den höchsten Tönen und konnte es kaum erwarten, all ihre kleinen Kumpelchen zu sehen.

Der erste Besuch in der „großen" Gruppe war nicht einfach für unsere Maus – es hatten sich in den letzten Wochen Freundschaften gebildet und sie musste sich erneut einfügen. Aber da der schwarze Balou aufgrund seiner körperlichen Größe ebenfalls versetzt worden war, blieben die beiden in den Spielpausen am Anfang recht häufig zusammen. Nach und nach lernte sie auch die anderen Hunde besser kennen und freundete sich an. Lisa fiel sie zur Begrüßung förmlich in die Arme, sie „knutschten" sich auf den Hinterbeinen stehend ab und es war zu spüren, wie sehr sie sich freuten. Auch Mandy hatte sie sehr gerne. Aber die Gruppe war mit zwölf Hunden sehr groß, so hatte sie schon alle Pfoten voll zu tun, jeden auch nur anständig zu begrüßen. Das war ihr wichtig! Als Mandy einmal zu spät kam und die Hunde schon beim Üben waren, musste Nicky die Übung abbrechen, um Mandy zu begrüßen. Erst dann wollte sie weitermachen! Ich war fasziniert!

Zu Anfang musste Nicky noch das in dieser Gruppe bisher Gelernte nachholen, doch das ging recht schnell bei ihr – sie schaute sich vieles einfach bei den „Mitschülern" ab. Sepp und ich hatten uns geeinigt, dass er das Training übernehmen sollte, ich stand dabei, schaute zu und lernte alles aus der Ferne mit. Für uns Menschen gab es genauso viel zu lernen wie für die Hunde. Jeder Fehler, den wir machten, zeigte sich in einem Fehlverhalten beim Hund. Hundeerziehung ist verbunden mit viel Geduld, Ausdauer, Konsequenz und noch mehr Liebe. Bald belohnten die Hunde unsere Bemühungen und machten brav „Sitz" und „Platz". Beim „Bleib" gab es zunächst Probleme, da die Hunde einfach nicht einsahen, warum sie entfernt von Herrchen

oder Frauchen bleiben sollten. Mit der Zeit bekamen wir auch das in den Griff. Am schönsten aber waren für die Hunde die Pausen, in denen sie nach Herzenslust toben konnten.

Es gab Außentermine, z. B. in der Innenstadt, um die Hunde an fremde Umgebungen zu gewöhnen, ihnen Sicherheit in für sie ungewöhnlichen Situationen zu vermitteln. Je mehr verschiedene Lebensbereiche die jungen Hunde in dieser wichtigen Phase ihres Lebens kennen lernten, desto sicherer würden sie später werden. Wie viele Ängste, die zu Fehlverhalten von Hunden führten, lagen ursächlich darin, dass die Welpen zu wenig Anregung bekommen hatten.

Der Aufruhr in der Innenstadt war beträchtlich, als ca. zehn junge Hunde mit ihren Menschen als Gruppe auftauchten. In den Gesichtern der Passanten war zwischen unverhohlenem Abscheu bis hin zu größtem Entzücken alles zu erkennen, so mancher sprach uns an und alle Teilnehmer versuchten hier natürlich auch Werbung „Pro Hund" zu machen. Dies beinhaltete natürlich auch die sofortige Häufchenbeseitigung per Tüte und äußerste Rücksichtnahme auf die anderen Passanten (mit ihrer sauberen Kleidung...). Die Gruppe absolvierte sogar gemeinsam eine Fahrstuhlfahrt. Hinterher hatten die jungen Hunde enorm viel zu verarbeiten.

Kamen wir von den Schulstunden heim, fiel unser Hundekind total ausgepowert ins Körbchen, um sich zu erholen. An diesen Abenden war absolute Ruhe – sonst mussten wir immer und immer wieder mit ihr spielen, denn Stillsitzen war nicht ihre Stärke.

Bis zum Sommer hatte sich die Gruppe zu einer festen Gemeinschaft geformt, die Hunde kannten sich inzwischen sehr gut und man erahnte auch, wer mit wem gut auskam und mit wem nicht. Auch bei uns Menschen kam mit der Zeit ein echtes Gruppengefühl auf – man hatte ja schon so manche Stunde im strömenden Regen oder unter sengender Sonne gemeinsam auf dem Platz verbracht.

Ein Wochenende im Mai war dem „Clickertrainig" vorbehalten – eine neuartige Methode der positiven Bestärkung durch ein kleines Gerät, ähnlich dem Kinderspielzeug „Knackfrosch". Mit einem „Klick-Klack" wurde die kommende Belohnung angekündigt und dadurch im vorhinein und aus der Entfernung wirksam. Waldo, Christines Paradehund, hatte durch den Clicker sein Repertoire an Kunststückchen erheblich erweitert. Zu unserer Schande muss ich gestehen, dass wir keinen durchschlagenden Erfolg mit dem Clicker hatten. Wohl zum einen, da Nicky nicht verfressen war und man mit Futterbelohnung daher wenig erreichen konnte und wir zum anderen nicht genügend Zeit in diese Methode investierten. Aber Nicky lernte auch durch die einfache Version der positiven Bestärkung, mit „Fein gemacht" und einem Leckerchen sehr gut, denn sie gehörte zu den absolut gutartigen und lernwilligen Hunden. Im Gegensatz zu Bo hatte sie offenbar kein Terrierblut in ihren Adern, der sture Kerl stellte damals ja so manches in Frage...

Die Junghundzeit neigte sich dem Ende zu, die Hunde waren alle mächtig ins Kraut geschossen und mit Beginn des Sommers fielen einige Hündinnen wegen Läufigkeit oder Kastrationsterminen aus. Die Rüden wurden rauflustiger, die Hündinnen manchmal etwas seltsam – das Rüpelalter hatte begonnen.

Auf einmal vergaßen unsere wohlerzogenen Hunde alles, was sie gelernt hatten, stellten Befehle in Frage und brachten damit ihre Menschen immer mehr zur Verzweiflung. Die Termine dienten nun den Menschen dazu, sich gegenseitig Mut zu machen, dass dies ja nun wirklich nur ein vorübergehender Effekt sei und wir dann bestimmt die besterzogensten Hunde hätten. Aber so richtig konnte man sich nicht vorstellen, dass aus diesen kleinen Quecksilbern jemals ruhige und besonnene Hunde werden würden, die ohne Probleme das taten, was verlangt wurde. Mit brennenden Augen schauten wir den fortgeschrittenen Gruppen zu – da liefen die Hunde ohne Leine brav und wie magnetisch festgehalten „bei Fuß", folgten jedem Richtungswechsel, blieben liegen, während das Herrchen oder Frauchen einfach weitergingen, nur weil man es gesagt hatte. Toll! Und das sollten unsere wilden Feger auch lernen?

Unvorstellbar!

Eine „Hundeführerscheinprüfung", die von der Hundeschule angeboten wurde, lag in weiter Ferne. Aber wenn wir ganz ehrlich waren, waren wir doch stolz auf das, was unsere Halbstarken schon konnten und mit dem wir im Alltag das eine oder andere Lob hatten einheimsen können.

# Die wüste Springmaus

Erziehung in der Hundeschule war eine Sache, eine andere die alltägliche Erziehung. Und das war meine Aufgabe, da ich ja den ganzen Tag daheim war.

Die Sache mit dem Führerschein hatte sich durch Nickys Einzug noch etwas verzögert, denn ich konnte nur noch in den Hauptverkehrszeiten Fahrstunden nehmen, wenn Sepp daheim war und auf sie aufpassen konnte. Und das war natürlich die Zeit, in der alle berufstätigen Fahrschüler fahren wollten! Es gab entsprechend selten Termine, aber wo ein Wille ist, da ist auch ein Weg und ich schaffte es tatsächlich, im Mai den begehrten „Lappen", der nun ein kleines Kärtchen ist, zu bekommen. Für mein fortgeschrittenes Alter hatte ich es relativ gut gemacht, auch wenn mein Fahrlehrer noch kurz vor der Prüfung manche Krise bekam, wenn ich zum x-ten mal vor lauter Nervosität das Auto mitten auf einer Kreuzung abwürgte. Nach der Prüfung, im eigenen Auto, ist mir so etwas nie wieder passiert…

Außerhalb der nervenaufreibenden Fahrstunden strapazierte Nicky meine Nerven, indem sie recht temperamentvoll Beachtung einforderte. Sie war zwar sehr brav und ließ sich schnell zur Ordnung rufen, aber so viel Unruhe war ich absolut nicht mehr gewohnt. Bo schlief außerhalb seiner Gassirunden fast nur oder wollte höchstens mal vom Haus in den Garten und wieder hinein gelassen werden, aber Nicky wollte Beschäftigung! Spielen! Toben! Andere Hunde! Und ab und zu auch mal schlafen…Nach kurzer Eingewöhnungszeit bei uns fing sie an, beim Spielen manchmal „auszuflippen", so wie auch Kinder bisweilen von einer ausgelassenen Stimmung in eine total überdrehte Stimmung wechseln. Dann sprang sie plötzlich an mir hoch und schnappte mit ihren spitzen Zähnchen nach mir. Einige tiefe Schrammen und kaputte T-Shirts trug ich in dieser Zeit davon. War das der Grund gewesen, aus dem ihre erste Familie sie mit dem Makel „bissig" wieder ins Tierheim brachte? Wie ich später erfuhr, hatte die ganze Familie wohl sogar noch eine Tollwutimpfung erhalten – bei einem Tierheimhund aus dem Süden konnte man ja nie wissen!! Ich war schockiert! Woher kam diese Verwandlung, welcher Teufel ritt unsere kleine Maus? War sie doch durch die ganzen Umstände in ihrer frühen Kindheit etwas gestört, war sie krank? War es Aggression oder purer Übermut? Ich war mit meinem Latein am Ende!

In meiner Unsicherheit und Sorge holte ich mir kompetenten Rat bei den „Patentanten". Alle waren übereinstimmend der Meinung, dass das weitgehend normal sei und ich einfach die Grenzen aufzeigen und sie auch mal richtig donnernd ausschimpfen musste, damit sie erkennt: Aha – da bin ich jetzt zu weit gegangen!

Gesagt – getan. Ich donnerte sie bei der nächsten Attacke also lautstark an, was mir gar nicht so leicht fiel, und schickte sie auf ihren Platz. Sie verschwand im Körbchen und schaute ganz geknickt. Jetzt hieß es, konsequent bleiben. Nicht sofort wieder lieb sein. Sie am besten nicht beachten – die härteste Strafe, die es für kleine Hundekinder gibt! Kurze Zeit später kam sie an und versuchte mich mit einer Beschwichtigungsgeste, dem Lecken der Hände und des Gesichts, wieder freundlich zu stimmen. Nach kurzem Zögern ging ich darauf ein – sie hatte ihre Lektion, wie es sich zeigen sollte, schnell gelernt. Bei allen weiteren Situationen, in denen sie wieder mal aus dem Ruder zu laufen drohte, brüllte ich möglichst frühzeitig ein lautes „Nicky NEIN" und sie ließ ab.

Wenn sie beim Schmusen und Knuddeln anfing, mit ihren spitzen Zähnchen an meinen Händen zu knibbeln, stieß ich sofort laute Schmerzensschreie aus, um ihr zu zeigen, dass das für mich wirklich nicht angenehm ist. Ziemlich fix hatte sie begriffen, dass man seine Beißwerkzeuge vorsichtig dosiert einzusetzen hat. Die gleiche Lektion lernte sie auch beim Spielen mit den anderen Hunden, die ihr ebenso zeigten, was erlaubt war und was nicht. Ein älterer Hund lässt sich nicht ohne weiteres mit spitzen Welpenzähnen malträtieren, von einem bestimmten Punkt an wurde solch freches Benehmen mit Knurren und leichten „Ohrfeigen" bestraft. Witzigerweise übernahm Nicky die lauten Schmerzensschreie von mir in ihr Repertoire und kreischte augenblicklich recht mädchenhaft, wenn jemand sie beim Spielen ein wenig zu rau anbuffte.

Gleich in den ersten Tagen bei uns verlor sie einen Schneidezahn – der Zahnwechsel setzte ein. Sie schien ab und zu mal Schmerzen zu haben, dann hingen ihre großen Tütenohren traurig herab oder ein Ohr stand, das andere hing – sie litt leise vor sich hin. Das Futter wollte nicht so recht schmecken – klar, wenn es im Maul auch weh tat! Aber insgeheim war ich froh, dass sie endlich diese spitzen, scharfen kleinen Haifischzähne verlor. Inzwischen war ich bis über die Ellenbogen hinauf zerkratzt, ich sah aus, als ob ich in eine Dornenhecke gefallen wäre. Um ihr den Zahnwechsel zu erleichtern, besorgte ich ihr Berge von Kauknochen, die sie mit Behagen verputzte. Dadurch konnte ich Schäden an Teppichen und Polstern vermeiden – sie ließ alles heil. Hier zeigte sich auch, wie gut es war, dass sie in dieser Phase nicht längere Zeit allein bleiben musste, denn aus Langeweile werden sicher mehr Dinge von jungen Hunden zernagt als durch pure Zerstörungswut.

Damit sie sich austoben konnte, ohne mich bei den immer seltener stattfindenden Beißattacken zu verletzen, ließ ich sie an einem alten verknoteten Handtuch, dass ich mit einem stabilen Gummiband an einem Baum gebunden hatte, herumzerren und kämpfen. Dabei verflog ihr Übermut und anschließend war sie in ausgeglichener, abgekämpfter Stimmung.

Nicky raste durch den Garten und verwandelte den Rasen ruckzuck in eine braun getupfte, von langen Bremsspuren durchpflügte Steppe. Wo sie ihr „Pipi" hinmachte, wuchs so schnell kein Grashalm mehr. Aber das war mir egal, wir haben keinen Vorzeigegarten. Schon Bo hatte seine gartenarchitektonischen Vorstellungen verwirklicht und etliche Kuhlen gegraben, um intensive Schweineohrvorratshaltung zu betreiben (die letzten fand und entsorgte Nicky), da kam es auf die gelb-braunen Tupfen im Rasen auch nicht mehr an. Sorge hatte ich eher, sie könne in unseren Gartenteich fallen, aber den mied sie sorgsam. Lady hatte ihr gezeigt, wie man daraus trinken kann, aber ansonsten zeigte sie wenig Interesse am kühlen Nass. An den Goldfischen war sie interessiert, aber nicht so sehr, dass sie zu ihnen hineinsteigen wollte. Aber trotzdem mochte ich sie im Garten nicht gern längere Zeit allein lassen. So hatte ich also ständig zu tun, die wilde Hummel zu beschäftigen.

In einer Buchhandlung fand ich ein schönes Buch mit vielen Spielanregungen für aufgeweckte Hundekinder, denn mir gingen allmählich die Spielideen aus. Bo wollte nie spielen, nur hin und wieder konnte man ihn mit einem Stöckchen aus der Reserve locken. Für Nicky bestand der Tag zu 50% aus Spiel und Sport. Da musste ich ihr genug Anregung bieten, wenn ich aus ihr einen ausgeglichenen und zufriedenen Hund machen wollte. Die wichtigsten Spielregeln kannte ich allerdings schon: Der Mensch als „Alpha-Tier" beginnt und beendet die Spielrunde und hat die Verfügungsgewalt über das Spielzeug. Auch sollte er nur solche Spiele spielen, die er gewinnen kann. Allerdings sollte man auch mal den Hund gewinnen lassen, sonst verliert er die Lust. Bei einem eher ängstlichen und wenig dominanten Hund wie

Nicky war es sogar wichtig, ihr durch gewonnene Spielrunden Selbstbewusstsein zu geben.

Wir spielten zum Beispiel Bällchen fangen, ihr absolutes Lieblingsspiel. Inzwischen hatte sie schon ein ganzes Sammelsurium an Spielzeugen, die bereits eine kleine Kiste füllen. Dabei waren die Bälle ihre absoluten Favoriten, sie beschäftigte sich sogar einige Zeit alleine damit, indem sie sie gegen die Wand prellte oder sich mit ihnen auf dem Teppich oder dem Rasen herumwälzte und sie dabei im Maul knatschte. Mit all ihrem Spielzeug ging sie äußerst sorgsam und pfleglich um, selbst alte Plüschtiere, die sie im Haus entdeckt und konfisziert hatte, lagen noch vollkommen heile, wenn auch schmutzig und abgeliebt, in ihrem Depot. Die Bälle trullerten ihr allerdings immer wieder unter das Sofa und verschwanden dort, begleitet vom traurigen Gejammer der kleinen Ball-erina. Das konnte ich nicht mit anhören und fischte mit dem Besen die Objekte ihrer Begierde wieder hervor, um kurze Zeit später abermals hinabtauchen zu müssen. Als ich sie dabei beobachtete, dass sie die Bälle absichtlich unter das Sofa stieß, war Schluss mit Lustig! Ich ließ mich doch nicht zum Narren machen! Sepp und ich entschlossen uns, die kleinen Bälle durch größere zu ersetzen, damit sie nicht mehr unter die Möbel passten. Mit diesen größeren, weichen Moosgummibällen tobte sie auch gerne durch den Garten. Wir mussten sie werfen und sie flitzte hinterher, lernte sie zu apportieren. Nur mit dem „Aus" klappte es nicht so gut, wir brauchten immer einen zweiten Ball, den wir warfen, damit sie den herangebrachten Ball fallen ließ. Daher kam sie auch immer schon mit zwei Bällchen im Maul an, um uns zum Ballspielen aufzufordern. Natürlich wussten wir, dass Spiele immer von uns auszugehen hatten und wir ihre Aufforderung höchstens als Anregung anzusehen hatten, aber letztendlich machten wir ihr immer die Freude, sie im Garten nach Herzenslust rennen zu lassen. Unser Grundstück ist nicht allzu groß, ein kleines Reihenhausendgrundstück, aber sie hatte genug Platz zum Laufen. Wie der Wind raste sie in den hinteren Gartenteil, flog förmlich durch eine Bresche der Buschreihe, die den vorderen vom hinteren Teil trennte, und konnte pfeilschnell in wunderbaren Kreisen sausen. Mit den Bällchen im Maul versuchte sie auch „Fang mich" zu spielen, aber da ich bei diesem Spiel garantiert immer verlieren würde, brach ich dies möglichst im Vorfeld ab. Wenn ich für sie Chef bleiben wollte, musste ich halt Dominanz zeigen. Also überkreuzte ich die Hände und sagte »Schluss«, dann wusste sie Bescheid. Die Enttäuschung war ihr dabei anzusehen und natürlich tat sie mir leid. Um mich zum Weitermachen zu überreden, sprang sie mich an und versuchte es mit „Küsschen geben", aber wie war das Zauberwort der Hundeerziehung? Konsequenz! Und so trollte sie sich etwas unwillig ins Haus und legte sich mit beleidigter Miene auf ihren Platz. Das alles nicht immer sofort, aber immer öfter! Sie hatte bald gelernt, dass an „Schluss" nicht zu rütteln war.

Für Unterwegs hatten wir anfangs öfter Bällchen zum Werfen mitgenommen, dadurch konnten wir sie vom Stromern abhalten, indem wir uns interessant machten. Aber meine sportlichen Leistungen waren für diesen Hund einfach lachhaft. Die paar Meter, die der Ball bei mir flog, waren für Nicky viel zu wenig, um richtig auf Touren zu kommen. Sie liebte es, förmlich über die Rasenflächen zu fliegen, je weiter, umso lieber. Ordentlich „Speed" wollte sie machen! Trafen wir Spielkameraden, flitzte sie mit ihnen nach Herzenslust herum, aber an manchen Tagen war es wie verhext und wir blieben allein auf weiter Flur. Da musste dann das Bällchen zum Einsatz kommen. Erleichterung bei meinem sportlichen Unvermögen bot ein Ball an einer Schnur, den sogar ich recht weit schleudern konnte und den sie uns bald vorm Gassigehen manches Mal auffordernd vor die Füße legte, um anzudeuten, dass sie die feste Absicht hätte, nun so richtig schön zu flitzen. Sie hieß ihrem liebsten Hobby entsprechend inzwischen „Flitzemaus", das traf ihr Wesen recht genau.

Beim Gassigehen sammelte sie wie alle Hunde gerne Stöckchen, um damit zu spielen. Wir hatten jedoch schon erlebt, dass es zu Verletzungen kam. Das splitternde Holz kann sich beim Auffangen gefährlich ins Maul bohren, sie konnte in ein Stöckchen laufen oder beim Daraufherumkauen Holzstückchen verschlucken, die dann lange schwer verdaulich im Magen lagen. Daher versuchten wir (meist aber vergeblich), die Stöckchen zu ignorieren. Sie sammelte alle Stöckchen auf, die sie fand, wusste sie doch, dass wir zum flotten Spielablauf ebenso wie beim Bällchenspiel zwei benötigen würden. So traf man Nicky oft mit zwei bis drei Stöckchen im Maul, sie balancierte regelrecht mit einem ganzen Maul voll Brennholz neben uns her, um immer für ein Spielchen gewappnet zu sein.

Auch bei den Bällchen hatte sie so lange geübt, bis sie es schaffte, mindestens zwei auf einmal zu tragen. Wenn sie die Bälle geschickt arrangierte, trug sie sogar drei! Das war fast Zirkusreif und wurde überall gebührend bewundert! Wenn sie die schönen Bälle nicht immer in den Teich getunkt hätte, wobei sie sich wie ein Schwamm vollsogen und anschließend weich, wabbelig, klebrig und unansehnlich wurden, wären sie sicher uralt geworden. So musste hin und wieder einmal ein Ball ersetzt werden. Nicky freute sich wie ein kleines Kind über jeden Neuzugang!

Übrigens hatten wir sie nach vierzehn Tagen dann doch endlich gebadet, denn ihr „Parfum" war reichlich aufdringlich und ließ auch nach einem kurzen Rutsch in den Teich (aus Versehen und mit großem Gekreische quittiert) nicht nach. Ach, was hat sie in der Dusche geschlottert vor Angst! Wenn sie es nicht besser gewusst hätte, hätte sie annehmen können, sie wäre bei Ungeheuern gelandet.

Und wie das ekelhaft nach Welpenshampoo roch – iiih – pfui – bahh! Aber hinterher gab es eine feine Belohnung aus getrocknetem Pansen, da war aller Kummer bald vergessen und wir hatten endlich das Gefühl, einen halbwegs sauberen Hund streicheln zu können.

Das Alleinbleiben war die nächste Lektion, denn es war äußerst wichtig für uns alle, dass sie es kurze Zeit ohne Jammern allein aushielt. Erst nur wenige Minuten, dann immer länger bis ich einen ersten Einkauf im Supermarkt wagen konnte. Dabei war mir äußerst unwohl, was würde mich bei meiner Heimkunft erwarten? Vor dem Haus traf ich unseren Nachbarn.

»Habt ihr Nicky jammern hören? Sie war das erste Mal alleine!«

»Nein, es war ganz ruhig. Aber vielleicht hatte sie ja genug damit zu tun, die Tapeten von den Wänden zu reißen?«

Ha, ha, was für ein toller Witz! Das wäre keine nette Überraschung! Skeptisch öffnete ich die Haustür und wurde von einem absolut braven Hund erwartet! Dafür gab es eine Belohnung, ganz viel Lob und anschließend wurde ausgiebig gespielt. Sie war also auch in dieser Hinsicht wirklich ein Superhund! Womit hatten wir das verdient?

Ein echtes Problem hatten wir allerdings mit einer welpentypischen Angewohnheit: Sie hüpfte jeden an, der zu uns kam! Wolfswelpen machen dies zur Begrüßung, um denjenigen, der da heimkommt, mit einer Beschwichtigungsgeste (Lecken der Schnauze) zum Hervorwürgen von Futter zu animieren bzw. ihm zu zeigen, dass sie ergebene kleine Wesen sind. Mancher Welpe macht dazu dann noch ein kleines „Begrüßungs-Pipi", um zu verdeutlichen: »Schau, ich bin doch noch so klein und brauche deine Hilfe zum Überleben« Bei Nicky war es allem Anschein nach die volle Lebenslust und Freude darüber, dass da wieder so ein netter Mensch kam, den sie begrüßen durfte. Sie bebte vor Freude, zu den Freudensprüngen kamen kleine Freudenschreie, die entfernt an Jodler erinnerten.

»Ich freu', ich freu' mich, ich hab' dich sooo lange nicht gesehen!« würde ich diese Begrüßungsarie übersetzen.

Rein theoretisch verstand man die Gründe für das in unseren Augen unangemessene Verhalten. Aber praktisch hatte die Springerei unangenehme Folgen für die Bekleidung der Angesprungenen und man hörte schmerzerfüllte Aufschreie der mit großer Wucht in den Weichteilen Getroffenen. Einige Bekannte gingen beim Heranpreschen von Nicky schon sorgsam in Deckung. Erziehungsversuche – Fehlanzeige! Es gab so viele gute Ratschläge. In gebückter Haltung die Springmaus begrüßen und sich dann vom Hundekind mit einem „Hundeküsschen" abschlecken zu lassen, war noch am praktikabelsten, aber nicht jedermanns Sache. Viele andere Hundehalter, mit denen ich sprach, hatten diese Phase durchgemacht und alle versicherten, dass dieses Verhalten mit der Zeit immer mehr nachlässt um dann evtl. ganz zu unterbleiben. Ein kleiner Hoffnungsschimmer am Horizont – aber was tun bis dahin??

»Also, ich habe immer fünf Mark-Stücke oder Waschmittel-Tabs einstecken, die ich an eingedreckte Leute verteilen kann,« erzählte eine Dame auf der großen Hundewiese.

»Oder eine Visitenkarte mit Namen und Anschrift, damit man die Rechnung von der Reinigung bekommt,« ergänzte ein anderes leidgeprüftes Frauchen.

Hm, das klang nach Resignation. Sollte es keine andere Lösung geben? Ich trainierte zusammen mit Christine mit Hilfe des Clickers, dass Nicky brav „Sitz" machte, bevor sie einem geworfenen Ball nachjagen konnte, denn hierbei sprang sie mich ja auch immer an, um den Ball aus meiner Hand zu erhaschen. Kein Problem. Das klappte! Aber das Anspringen mit dem „sozialen" Hintergrund blieb. Es war ihrer Meinung nach gute Hundeetikette und davon ließ sie sich nicht abbringen! Basta! Was blieb uns vorerst übrig, als zuzusehen, dass sich der angerichtete Schaden in Grenzen hielt, indem wir potenziell gefährliche Situationen möglichst vermieden?

Auch fremden Hunden gegenüber verhielt sie sich sehr streng nach Hundeetikette – kroch förmlich auf sie zu, teilweise mit eingezogenem oder leicht wedelndem Schwanz, je nachdem wie groß ihre Ehrfurcht vor dem betreffenden Hund war, um ihm dann das Maul von unten her zu lecken. Sie war die große „Knutscherin" im Viertel, durch dieses Verhalten hat sie äußerst selten negative Erfahrungen mit älteren Hunden machen müssen. Bei sehr dominanten Hunden wie Prinz gab sie noch ein paar Pipitröpfchen von sich, die vom dermaßen unterwürfig begrüßten Hund huldvoll beschnüffelt und meist mit einem eigenem Urintropfen quittiert wurden. Gelassener waren ihre Begegnungen mit gleichaltrigen oder (später) jüngeren Hunden. Da war die Begrüßung kurz und knapp, es folgte eine Spielaufforderung und anschließend sah man nur noch zwei oder mehr fröhlich tobende Fellbündel, die, wenn die Kondition nach vielen Runden nachließ, nebeneinander lagen, um sich genussvoll abzuschmusen. Dabei konnte man deutlich erkennen, wie sehr sie auch den Körperkontakt zu anderen Hunden brauchte.

Inzwischen konnte ich sie beim Spazierengehen schon von der Leine lassen, sie blieb immer in der Nähe und kam auf Ruf sofort heran. War sie doch mal etwas zu weit vorgelaufen, half es, wenn ich mich einfach hinter dem nächsten Baum versteckte oder laut in die Hände klatschte, „Tschüs" rief und dabei in die entgegengesetzte Richtung rannte. Lief sie in die Uferzone unseres Flüsschens, an dem wir oft Gassi gingen, konnte ich sie mit „NEIN", Händeklatschen und Weglaufen sofort zurückbeordern. Später reichte NEIN vollkommen, meine sportlichen Einlagen konnte ich auf ein Minimum beschränken. Ja, es lohnt sich schon, sich frühzeitig zum Affen für den Hund zu machen. Allerdings möchte ich nicht wissen, was sich unbeteiligte Beobachter dieser Szenen so dachten. Aber das war mir egal, der Zweck heiligt die Mittel.

Blieb also als einziger gravierender Schwachpunkt Nickys Leidenschaft fürs Anspringen von Menschen! Unterwegs achtete ich strikt darauf, dass sie von niemandem ein Leckerchen zugesteckt bekam – die Konsequenz daraus wäre gewesen, dass sie sich auf die (meist linke) Jackentasche der Leute fixiert und immer und überall ihre Leckerlies eingefordert hätte. Und, um der Forderung Nachdruck zu verleihen, springt sie dann eventuell auch mal. Hunde, die nicht gelernt haben, dass es bei fremden Personen nichts gibt, werden oft zu notorischen Bettlern und Jackenbeschmutzern.

Eine unangenehme, aber ebenso unwirksame Erziehungsmethode versuchte ein Bekannter. Er kam kurz nach meiner Führerscheinprüfung, um zu gratulieren. In der Hand eine Flasche Sekt, die mir zugedacht war. Nicky freute sich wie immer sehr über Besuch und war ganz aufgeregt hinter der Tür. Da ich wusste, was nun wohl passieren würde, hielt ich sie fest, um den Gast unbelästigt hereinzulassen. Das klappte ganz gut – nur hatte der Gast immer noch die Flasche in der Hand. Und Nicky, neugierig wie sie nun mal war, riss sich los und sprang! Wohl auch, um zu ergründen, was er denn da in der nun auch noch erhobenen Hand hielt. Der Gast, selber Hundehalter mit langjähriger Erfahrung, zog blitzschnell das Knie hoch, Nicky sprang dagegen und wurde von der Bewegung gegen unsere Flurkommode geschleudert, wo sie mit einem Schmerzensschrei liegen blieb.

»Na, die springt mich nicht mehr an« meinte er trocken, wohl in dem Glauben, mir einen Gefallen getan zu haben. Nicky schaute mit einem Seitenblick, der Bände sprach zu ihm auf, um dann verdattert und mit der Körperhaltung eines geprügelten Hundes in ihr Körbchen zu schleichen.

Ja, *so* hatten ganze Generationen von Hunden gelernt, niemanden anzuspringen! Aber ich fand diese Demonstration übertrieben hart. Bei einem sehr dominanten Hund, der anspringt, um eben diese Dominanz zu zeigen, ist es sicher in gutes Mittel. Aber doch nicht bei diesem unterwürfigen, etwas scheuen und freundlichen Hundemädchen! Was hatte sie daraus gelernt? Dass dieser Besucher ziemlich grob war und sie vollkommen falsch verstanden hatte! Besser wäre es meiner Meinung nach gewesen, zur Seite zu treten und den Hund ins Leere springen zu lassen, ihr vielleicht auch die Flasche zum Abschnüffeln hinzuhalten und sie dann in einer gebeugten Haltung oder in der Hocke zu begrüßen. Aber es war passiert, sie hatte erlebt, dass auch Menschen nicht immer nur freundlich sein können. Allerdings muß ich zugeben, dass auch diese Erfahrung durchaus wichtig war. Mein Schock und auch Ärger war mir anscheinend anzumerken, denn der Gast fragte:

»Das fandest du wohl nicht so gut, was? Aber glaub' mir, das macht sie nicht noch einmal!« (worin er sich getäuscht hatte).

»Wir wollen sie mit positiver Bestärkung erziehen, unsere Hundeschule schwört auf diese moderne Form der Hundeausbildung und hat gute Erfahrungen damit gemacht«, versuchte ich meinen Standpunkt klarzumachen. Er schaute skeptisch und meinte dann:

»Na, in einem Jahr sprechen wir uns wieder!«

Ich war überzeugt, dass wir es schaffen würden, dieses Problem auf unsere Art in den Griff zu bekommen!

.

# Die Maus in der Falle

Schon den ganzen Tag freute sich Nicky auf den Besuch der Hundeschule. Bereits mittags hatte ich ihr erzählt, dass es bald wieder zu den „Hundies" gehen würde, ein Wort, das für sie inzwischen der Inbegriff von Spiel und Spaß und der absoluter Höhepunkt der Woche war. Am Nachmittag fiel das Gassi etwas kürzer aus, um sie nicht zu überanstrengen. Es war ein sehr warmer Junitag und Nicky nicht so erpicht darauf, lange über glühendheißen Asphalt zu laufen. Sie kramte aber zum Ausgleich schnell ein Spielzeug aus ihrer gut gefüllten Spielzeugkiste hervor und versuchte mich zu einem kleinen Spielchen im angenehm kühlen Garten zu überreden. Bald waren wir in ein Spielchen mit dem kleinen Ball vertieft, in dessen Verlauf dieser ab und zu auch mal zur Abkühlung in den Gartenteich fallen „musste". Mit Gejauchze und viel Plitsch und Platsch wurde er von Mausi wieder herausgefischt.

Die Zeit verging wie im Flug, unaufhörlich rückte der Termin für unseren Abmarsch zur Hundeschule näher. Für diesen Tag war mal wieder ein Außentermin in der Nähe unseres Hauses angesetzt, dorthin wollte ich mit ihr zu Fuß gehen. Sepp war auf Dienstreise; ansonsten war es seine Aufgabe, Nicky während der Stunde in der Hundeschule zu führen. Na gut, heute mussten wir „Weiber" mal alleine klar kommen. Da fiel mir ein, dass ich einer Teilnehmerin des Welpenkurses einen Katalog versprochen hatte. Wo war der bloß?? In der Eile konnte ich ihn nicht finden (einige Tage später lag er natürlich da, wo er immer gelegen hatte!), allerdings war es nach der aufgeregten Sucherei jetzt für einen Fußmarsch zum Treffpunkt zu spät geworden. Sehr ärgerlich! Da musste ich wohl oder übel die kurze Strecke mit dem Auto fahren. Wie gut, dass ich seit kurzem den Führerschein besaß!

Also holte ich das Auto aus der kühlen Garage, nahm den Hunde-Sicherheitsgurt mit und schnallte Nicky noch im Haus das Geschirr um, damit es im Auto schnell gehen konnte. Sobald Nicky nämlich im Auto war, legte sie sich hin und war durch nichts zu bewegen, sich hinzusetzen. Das war keine ideale Haltung, um sie anzugurten!

Ich öffnete die Beifahrertür, sie krabbelte auf den Rücksitz. Ich klinkte ihren Gurt ein, verriegelte und schloss die Beifahrertür, ein in achtzehn langen Jahren als Beifahrerin erworbener Reflex. In diesem Moment sah ich voller Schrecken meinen Autoschlüssel auf dem Fahrersitz liegen!

So ein Mist!

Was tun? Alle Fenster waren noch geschlossen, auch das Glasdach, welches ich bei warmem Wetter sonst immer als erstes öffnete, bevor ich mit Nicky losfuhr. Alles dicht verschlossen! Und die Maus ganz lieb und brav auf dem Rücksitz liegend, darauf wartend, dass es endlich zu ihren Freundinnen und Freunden gehen würde.

18.30 Uhr, es war immer noch sehr warm, die Sonne schien direkt auf mein kleines Auto. Wie lange würde die Luft darin reichen? Der Reserveschlüssel war zusammen mit meinem Mann irgendwo zwischen Stuttgart und Braunschweig im ICE unterwegs und würde frühestens um zehn Uhr abends zur Verfügung stehen.

Dumm gelaufen!

In meiner Not fragte ich als erstes einen Nachbarn um Rat, der allerdings auch nicht mehr sagen konnte als das, was ich eh schon wusste. Allerdings konnte ich mir von ihm unseren Reserveschlüssel vom Haus geben lassen. Wenn der zweite Autoschlüssel im Haus gewesen wäre, hätte ich kein Problem mehr gehabt... Als nächstes telefonierte ich voller Anspannung erst mit dem Autohaus, dann mit der zuständigen Werkstatt, aber überall konnte man mir keine Hoffnungen machen.

Mein Auto war diebstahlsicher! Eine ganz kleine Blechbüchse, aber mit allen Schikanen gegen Aufbrechen gesichert. Das hat man nun davon, wenn man ein relativ neues Auto fährt! Als einzige Lösung wurde mir empfohlen, eine Scheibe einzuschlagen. Nun gut - das war bitter, aber hier ging es um meine kleine Maus, die ganz lieb und ruhig im Auto lag und immer noch wartete, dass es endlich losgehen würde. So ein braves Hundekind! Bo hätte sich zu diesem Zeitpunkt schon heiser gebellt und damit seine Situation in dem warmen Auto sehr verschlechtert. Wie gut, dass Nicky so „cool" blieb. Zur äußeren Kühlung hatte ich auf das Auto zwischenzeitlich große nasse Handtücher gelegt.

Mein Nachbar brachte mich auf die Idee, den Abschleppdienst eines großen Autohauses anzurufen und ich konnte anscheinend auf ein heiles Auto und eine befreite Maus hoffen als man dort etwas von »kein Problem« entgegnete. Na also! Nun warteten wir gemeinsam auf den gelben rettenden Engel, der nach einiger Zeit (mir schien sie ewig zu dauern) in Form eines großen Abschleppwagens erschien.

Der Spezialist für das Öffnen von Autotüren schmunzelte nur wissend, als ich ihm meinen Kummer beichtete. Als der Fachmann allerdings mein kleines Autochen erblickte, verdüsterte sich seine bis dahin ganz zuversichtlich lächelnde Miene.

»Oh weh – das ist ja einer der neuen Bauserie. Das wird nicht leicht!«

Schon sah ich mein Autochen im Geiste doch noch demoliert. Aber Hauptsache, Nicky kam bald da heraus! Sie schaute interessiert zu, als der Mann mit allerlei Blechen und Drähten anfing, an der Fahrertür zu hantieren. Um das Auto hatte sich inzwischen eine kleine Menschentraube aus mitfühlenden Nachbarn gebildet, die alle mit mir auf Nickys Befreiung warten wollten. Die fand das alles wohl langsam langweilig und legte sich zu einem kleinen Schlummer nieder. Dabei atmete sie allerdings recht heftig.

Wie warm mochte es im Auto sein? Die Sonne schien immer noch auf das Autodach und wir schwitzen in der Hitze des frühen Abends.

Der Mann schüttelte immer häufiger verzweifelt den Kopf, versuchte beharrlich und immer wieder aufs Neue, den Schließmechanismus zu überlisten und war fast am Ende seines Lateins. Er gönnte sich eine Zigarettenpause und dachte nach. So langsam war ich sehr beunruhigt.

»Nun schlagen Sie doch endlich die Scheibe ein, der Hund da drin muss jetzt doch wirklich mal heraus. Wenn das Auto leer wäre, könnten Sie ja gerne stundenlang weiter versuchen, die Tür zu knacken. Aber mein Hund kriegt Probleme dort drinnen!«

»Gute Frau, bleiben Sie mal ganz ruhig. Ich schaff' das schon« entgegnet er etwas gereizt.

Er hatte da so seinen Ehrgeiz. Die Scheibe sollte heil bleiben! Einschlagen kann ja jeder! Und von einem Laien, noch dazu einer Frau, wollte er sich nichts sagen lassen.

Inzwischen saß die Maus schon gut anderthalb Stunden in der Falle.

Die Frau aus der Welpengruppe, der ich den Katalog mitbringen wollte, war inzwischen zu uns gestoßen. Sie hatte uns beim Kurs vermisst und da wir genau auf ihrem Heimweg wohnten, wollte sie nachschauen, warum wir ohne Abmeldung nicht gekommen waren. Kurz schilderte ich ihr die Situation, sie war gleich voller Mitgefühl für unsere tapfere Nicky. Und dann schlossen sie, ihre Tochter und Hündin Toska sich an und warteten mit mir auf Nickys Befreiung. Unsere Unterhaltung wirkte recht beruhigend auf Nicky, sie lag immer noch ganz brav, auch wenn sie zwischendurch mal geschaut hatte, wer da alles vor dem Auto stand. Viel Bewegungsfreiheit hatte sie durch den Sicherheitsgurt auch nicht. Nun kam noch eine weitere Nachbarin mit ihrem Labrador Max dazu. Er hatte inzwischen sein großes Abend-Gassi absolviert.

»Was, sitzt Nicky immer noch im Auto?« fragte sie ganz erstaunt, denn sie hatte beim Losgehen von unserem Missgeschick erfahren. Es waren fast zwei Stunden vergangen, seit ich diese Riesendummheit begangen hatte!

Dann endlich war es vollbracht! Der Spezialist hatte es geschafft, das Auto war offen! Ich holte Nicky sofort heraus und sie begrüßte auf der Stelle Max und Toska. Das war ihr wichtiger als etwas zu saufen! Beim Streicheln stellte ich fest, dass ihr Fell noch ganz feucht war vom Planschen im Gartenteich. Das hatte ihr offenbar die nötige Kühlung gegeben. Was für ein Glück!

Nachdem alle Formalitäten wie die Begleichung der Kosten für diese Heldentat erledigt waren, lud ich Toska, ihr Frauchen sowie die Tochter noch zu uns ein, denn ich wollte Nicky gerne noch ein wenig Hundegesellschaft gönnen nach dieser Tortur. Außerdem musste ich sie doch für die entgangene Spielfreude etwas entschädigen! Die beiden Hunde spielten gut eine Stunde ganz wunderbar zusammen, tobten durch den Garten und Nicky war wieder fröhlich und ausgelassen. Auch ich konnte mich so ganz langsam bei einem anregenden Gespräch wieder beruhigen, denn diese Stunden hatten sehr an meinen Nerven gezerrt. Hierbei wurde eine nette Freundschaft geschlossen, Toska und ihre Menschen versprachen, dass sie uns bald mal wieder besuchen kämen, denn unser Garten gefiel ihnen sehr.

Als ich meinen Mann kurz nach 22 Uhr vom Bahnhof abholte, konnte ich so allerlei berichten. Ich hatte mich schon auf dumme Bemerkungen eingestellt, aber anscheinend war es ihm wohl eher peinlich, den Reserveschlüssel mitgenommen zu haben.

Nicky und ich hatten viel Glück im Unglück, es ist kein bleibender Schaden entstanden. Nicky fuhr weiterhin leidenschaftlich gerne Auto und ich werde in Zukunft sicher immer darauf achten, wo sich mein Autoschlüssel befindet.
Versprochen!

# Alltag

Je länger Nicky bei uns war, desto mehr spürte ich den Unterschied zu früheren Zeiten. Mein Leben hatte sich in einigen wesentlichen Punkten erheblich verändert. Hatte Bo durch sein Bedürfnis nach Gassirunden, um sein weitläufiges Revier zu markieren, immer auf die strikte und pünktliche Einhaltung derselben bestanden, musste ich bei Nicky vieles neu lernen. Sie ging auch ganz gerne Gassi, aber als Hündin – noch dazu als Welpe bzw. Junghund – hatte sie am Markieren noch keinerlei Interesse.

Frühmorgens ging sie für ihr Geschäft liebend gern in den Garten, die braunen Stellen im Rasen sprachen Bände. Im Gegensatz zu Bo, der nur im äußersten Notfall den Garten als Toilette benutzen mochte, kannte Nicky darin keinerlei Scheu. Allerdings gab es nur bestimmte Ecken, die ihr für diese kleinen und großen Geschäfte genehm waren: die Fläche vor dem Komposthaufen und auf unserer „wilden" Wiese unter den Obstbäumen. Wiese ist etwas übertrieben, es handelt sich um eine Fläche von ca. 5 x 15 Metern, auf der mittig zwei kleine Apfel- und ein Pflaumenbaum wachsen. Allerdings ist diese Fläche durch Büsche vom übrigen Garten abgetrennt und wurde nicht als Spiel- oder Liegewiese benutzt. Dies waren ihrer Meinung nach anscheinend ideale Bedingungen. Mir blieb nur die Aufgabe, ab und zu die festen Hinterlassenschaften zu entsorgen, damit es nicht stank. Tagsüber mochte sie den Garten wiederum nicht benutzen – dafür gab es auf den langen Runden in der freien Natur bessere Möglichkeiten. Sepp und ich beratschlagten, woran es wohl lag, dass sie dieses seltsame Verhalten zeigte.

»Hm, seltsam, wir gehen doch mit ihr spät abends und auch morgens Gassi. Sie könnte, wenn sie wollte, alles vorn an der Hauptstraße oder auf dem Brachland erledigen, wo auch die anderen Hunde ihre Plätze haben.«

»Ja, aber wie oft kommt sie bei mir morgens brav mit, macht nur Pipi und kehrt dann wieder um. Vielleicht liegt es daran, dass es ihr nicht wichtig ist, den anderen Hunden durch ihre Hinterlassenschaft mitzuteilen, dass sie da war, so wie Bo das immer wollte.«

Erst zeigte sie große Freude, wenn ich ihr morgens Halsband und Leine anlegte, um dann fünf Schritte vor der Haustür mit vorwurfsvollem Blick sitzen zu bleiben.

»Nein, ich will nicht!«

Im Blick pure Ablehnung, die Mimik zeigte einen sehr unzufriedenen kleinen Hund. Hatte sie Angst? Schon möglich, junge Hunde haben oft ganz plötzlich Angst vor Dingen, die sie am Tag vorher noch gar nicht als unheimlich wahrgenommen haben. So konnte die Mülltonne, die von der Müllabfuhr an die Straße gestellt worden war, zum Schreckgespenst werden, eine vom Wind durch die Gegend gepustete Plastiktüte dahin führen, dass sie sich am liebsten verkrochen hätte. Aber da ich inzwischen genau wusste, dass diese Phasen ganz normal sind und auch wieder vorbeigehen, blieb ich gelassen und führte das widerstrebende Hundekind zu dem gefürchteten Gegenstand, damit sie ihn genauestens untersuchen konnte. Gefahr erkannt – Gefahr gebannt! Mit Beginn der Pubertät flammte nochmals eine gewisse Ängstlichkeit auf, aber auch diese konnten wir gemeinsam gut überwinden. Demnach war es also nicht Furcht vor der Welt hinter der Haustür, die sie morgens vom Gassigehen abhielt. Nach einiger Zeit kam ich darauf, dass dahinter einfach ein gewisses Komfortverhalten steckte, sprich: unsere Maus war morgens einfach zu bequem, die weite Strecke zu laufen, weil sie ja noch soo müde war!! Wenn ich ihr erzählte, dass man auf dem morgentlichen Gang eventuell die Freunde Charly, Lady oder auch die neugewonnene Flitzefreundin Nina, eine Deutsch-Kurzhaarhündin, treffen könnte, ließ sie sich manchmal überreden mitzukommen. Das war doch etwas gaaanz anderes! Kam sie von solch einer Gassirunde heim, legte sie sich sofort wieder ins Körbchen und schlief gemütlich wieder ein.

Sepp ließ sie frühmorgens beim Lüften gleich in den Garten und immer häufiger erledigte sie die Morgentoilette kurzerhand vor Ort, um sich dann genüsslich schnuchelnd wieder in Morpheus Arme zu begeben. Wenn ich sie später aufweckte, blinzelte sie mich müde an, stand auf, reckte und streckte sich mit Behagen, um flugs unter dem Couchtisch zu verschwinden. Dann wusste ich: My Lady wünscht heute keine Morgenrunde. Da auch ich keine ausgesprochene „Lerche" bin und morgens so meine Anlaufzeit brauche, war ich mit ihrem Verhalten durchaus einverstanden und fand mich mit den Häufchen im Garten ab. Zudem hatte es, wie sich später zeigen sollte, den Vorteil, dass sie im Fall das sie wenn es mal sein musste, den Garten ohne Probleme als Notfall-Alternative annahm. So hat halt jedes Ding seine zwei Seiten.

Als ganz kleiner Hund wusste sie natürlich auch noch nicht, wo sie ihre Häufchen am sinnvollsten platzieren konnte, ich musste so manches große Geschäft eintüten und daheim entsorgen. Aber es dauerte nicht mehr lange und sie zeigte mir mit entrüstetem Blick andere Häufchen, die den Gehweg beschmutzten; hatte sie doch inzwischen gelernt, dass dies wirklich immer „Pfui" war. Auch das Wort „Nein" lernte sie sehr schnell. Sensibel wie sie war, ließ sie sich von meiner etwas lauteren Stimme schnell von der beabsichtigten Tat abhalten. Nahm sie etwas ins Maul, um es auf diese Art und Weise zu erkunden, genügte ein lautes „Aus" und schon spuckte sie es wieder aus. Beim Spielen mit ihren Bällen mussten wir den gleichen Befehl andererseits viel intensiver trainieren, sie versuchte immer, ein kleines Spielchen daraus zu machen, um uns zum Hinterherjagen zu animieren.

Es gab aber Situationen, in denen auch bei ihr der Instinkt stärker war als der Wille, uns zu gehorchen. Bei einem Spaziergang am Südsee lernte sie einen Cocker-Spaniel und einen jungen Labrador kennen, mit denen sie sogleich anfing, wild zu toben. Eine kleine Wiese lud die drei Wirbelwinde regelrecht dazu ein, Runden zu drehen und Fangen zu spielen. Mit der anderen Halterin, einer jungen Frau aus unserem Nachbarort, kam ich schnell ins Gespräch, so dass wir die Hunde für längere Zeit ihrem Spiel überließen – natürlich mit wachsamen Blick, ob nicht gerade hellgekleidete Passanten um die Ecke bogen oder anderweitig Gefahr drohte.

Plötzlich lief der Labrador ein Stückchen in Richtung Uferzone des Sees. Hier saßen abends häufig Angler. Das war nicht ungefährlich, oft hatten wir an solchen Stellen am nächsten Tag alte Angelschnüre mit spitzen Haken oder auch zerschlagene Bierflaschen gefunden und entsorgt, damit niemand dadurch zu Schaden kam. Wir unterbrachen unser Gespräch und eilten zu der Stelle, an der sich nunmehr alle drei Hunde abwechselnd intensiv und hemmungslos wälzten.

Huch, was war denn da los?

Pfötchen zappelten in der Luft, man hörte vergnügtes Grunzen und unversehens hatte Nicky etwas im Maul und rannte los.

Ich ahnte, was geschehen war: die Hunde hatten ein Stück vergammelten Fisch entdeckt, den die Angler einfach in der Natur entsorgt hatten. Auch das kam häufiger vor. Bo hatte sich einmal ganz am Anfang seiner Zeit bei uns damit parfümiert, danach allerdings nie wieder. Dass ich nicht gleich darauf gekommen war...!

Sofort brüllte ich:

»AUS, lass das sofort fallen, Nicky!«, was sie zu meinem Erstaunen sogar tat, denn sie war wohl verdattert, mich so brüllen zu hören. Ich stellte mir vor, wie verwest dieser alte Fisch wohl schon war und wie ungesund für junge Hundebäuche! Igitt! Der Labrador ergriff seine Chance und flitzte mit der ergatterten Beute los, Nicky, etwas irritiert, sofort hinterher.

Der „Duft" war stärker als mein Rufen, es dauerte einige Zeit, bis ich sie endlich bei mir hatte. Sie strahlte mich mit leuchtenden Augen an, mit lachendem Gesicht zeigte sie mir, wie toll sie dieses kleine Intermezzo gefunden hatte.

Und wie fein sie nun duftete! Frauchen, riech doch mal: „Eau de Poisson", der klassische Duft für junge Hundedamen!

Puh – so ein Gestank! Es drehte sich mir fast der Magen um. Mit Schaudern dachte ich an die kommende Nacht, in der sie wieder zu meinen Füßen ruhen würde, direkt unter meiner Nase! Ob sie wohl ahnte, dass daheim ein kleines Duschbad auf sie warten würde?

Das war ja fast genau so ekelig wie wenige Tage zuvor ihre Bekanntschaft mit einem menschlichen Haufen (zu erkennen an dem Berg Taschentücher daneben und dem markanten Geruch), in dem sie sich gewälzt hatte, als sie außerhalb meines Einflussbereichs im Gebüsch herumwuselte. Ihr diese Hinterlassenschaften aus dem Fell zu wischen und später daheim gründlich zu reinigen, hatte mich Überwindung gekostet, obwohl ich geglaubt hatte, durch Bo meine Ekelschwelle erheblich nach oben verschoben zu haben. Ich erkannte, dass das ganze Leben ein einziges Lernen ist!

Im Großen und Ganzen war ich fasziniert, wie gut sie die Grundbegriffe lernte! Was hatte ich bisher alles für Horrorgeschichten über junge Hunde gehört! Hunde, die das Mobiliar zerlegten, Tapeten abrissen, Schuhe zerrupften. Von großen Sockenklauaktionen und von Hunden, deren Hobby es war, Herrchen oder Frauchen zu einer komplett neuen Garderobe zu verhelfen. Von der Züchter-Brieffreundin Susanne bekam ich den Tipp, notfalls die vom Zerknabbern bedrohten Gegenstände mit Pfefferminzöl einzuträufeln. Das natürlich sofort rein prophylaktisch besorgte Fläschchen habe ich nie gebraucht. Nicky war in dieser Hinsicht einfach der seltene Fall einer „Musterschülerin". Fast traute ich mich kaum, dies gegenüber den anderen, teilweise arg gebeutelten Junghundehaltern zuzugeben. Die würden mich bestimmt einer maßlosen Übertreibung bezichtigt haben. Aber anscheinend hatte mein stummes Gebet damals nach Bos Tod um einen lieben und freundlichen Hund die richtige Adresse gefunden.

Sorgen machte mir ihre Ernährung, denn das moderne Welpenfutter war auf gewisse Rassen bzw. „Endgrößen" abgestimmt. Große Hunde wachsen wesentlich stärker und benötigen daher eine anders zusammengesetzte Nahrung als kleine Hunde. Füttert man große Hunderassen als Welpen zu energiehaltig oder zu unausgewogen, gibt es gesundheitliche Probleme durch zu schnelles Wachstum. Bei einem Rassehund, womöglich vom Züchter, bekam man meist eine detaillierte Fütterungsempfehlung mit entsprechenden Gewichtstabellen, damit man den jungen Hund optimal füttern konnte. Ein Mischling ist in dieser Hinsicht schwieriger zu verkösten, vor allem, wenn er wie unsere Nicky zwischen mittelgroß und groß einzustufen ist. Ein Zuviel wäre schädlich – zu wenig aber auch nicht gut. Wir entschieden uns zugunsten des Welpenfutters für große Hunde, so würde sie auf jeden Fall nicht zu schnell wachsen und ihre Knochen gut ausreifen können. Von Susanne bekam ich die entsprechenden Gewichtstabellen von jungen Hovawarten mitgeteilt –Nicky lag deutlich drunter. In einem Rassenkundebuch fand ich verschiedene Gewichtskurven im Verhältnis zum Alter in Monaten einiger bekannter Rassehunde. Hier verlief Nickys Kurve in etwa parallel zu der eines Bobtails. Nun gut, das war schon ein recht großer Hund, aber doch kleiner als ein Schäferhund.

Wir waren also vorgewarnt.

Da trafen wir unsere Nachbarin, deren Wurf Hovawarte wir aus Trauer nicht begutachtet hatten. Sie hatten aus dem Wurf eine schwarzmarkene Hündin behalten. Luna, so ihr Name, lebte nun mit ihrer Mutter Aila und ihrer „Ziehtante" Eika, einer bereits etwas betagten Kleinen Münsterländerhündin, einen Großteil des Monats in der Heide. Nur ganz selten traf man das ganze „gemischte Rudel" bei uns in der Großstadt.

Nicky und Luna begrüßten sich, allerdings war es Nicky sichtlich nicht ganz geheuer, dass da noch zwei erziehungsberechtigte Althündinnen zugegen waren und die ganze Szene misstrauisch beäugten. Sie wollte daher lieber weiter ihrer Wege gehen. Da kam, was ich schon lange erwartet hatte, aus den Mund von Lunas Frauchen:

»Na, die wird aber auch ganz schön groß! So riesige Pfoten! Ich denke, ihr wolltet einen kleineren Hund? Und aus dem Süden ist sie. Gibt es hier nicht genug Tierheimhunde?«

Oh, oh, das klang aber etwas spitz! Da hatten wir keine allzu großen Sympathiepunkte zu verbuchen. Wir wollten halt keinen Hovawart – und wenn, hätte ich mich an meine Brieffreundin gewandt. Das stand hier alles unausgesprochen im Raum, eine unangenehme Situation.

Wie hätte ich mich gefreut, wenn sie einfach gesagt hätte, dass Bo doch eine nette Nachfolgerin gefunden hat. Und dass Nicky ihm eine würdige Erbin sein würde, war schon zu diesem Zeitpunkt recht offensichtlich. Alleine ihr Bärtchen und die großen Tütenohren, die inzwischen recht gut behaart waren und in den Spitzen meist nach vorne kippten, ließen viele fragen, ob sie denn auch von Bos „Sorte" sei. Nun ja, Hundekenner hätten gesehen, dass sie eine völlig andere Fellstruktur und einen anderen Körperbau hatte. Bo war eher der Typ Husky-Terrier gewesen: quadratisch, praktisch, gut. Aber trotzdem fand ich es recht erstaunlich, wie oft sie mit Bo verglichen wurde.

Zugegeben, das Gespräch hatte mich verunsichert. Wie groß mochte sie wohl werden? Ich hatte meine Gründe gehabt, mir einen mittelgroßen Hund zu wünschen. Einen großen Hund muss man im ersten Jahr die Treppen rauf- und runtertragen, damit die Gelenke keinen Schaden nehmen. Und später im Alter war wiederum Tragen angesagt, falls Rheuma oder Arthrose das Treppensteigen verhinderte. Ein Hund von 40 Kilo könnte ich gar nicht alleine bewältigen. Bo mit seinen gut 22 Kg hatte ich nur ein paar Mal über die Treppe getragen, er blieb lieber im Erdgeschoss und hatte dort seine Ruhe. Meinem Rücken hatte das allerdings gar nicht gut getan.

Zur Zeit klappte das Tragen von Nicky noch ganz gut, sie zappelte nicht mehr und wartete brav an der Treppe, bis ich ihr den „Fahrstuhl" machte. Bei 20 Kilo allerdings würde damit definitiv Schluss sein, auch wenn sie dann noch nicht ausgewachsen wäre. Uwe, unser Trainer in der Hundeschule, wies uns immer wieder darauf hin, die Hunde keine Treppen steigen zu lassen, damit die Hüften und Gelenke keinen Schaden nähmen. Aber er hatte leider keine Tipps parat, wie man das bei einem höheren Gewicht noch bewerkstelligen sollte. Also hoffte ich inständig, dass Nicky nicht wesentlich größer werden würde als Bo es gewesenwar. Zudem waren große Hunde anfällig für die gefürchtete Hüft-Dysplasie.

In der Nachbarschaft waren kleinere Hunde auch wesentlich lieber gesehen als die ganz großen Exemplare, vor denen viele Menschen allein durch die Körpermasse Angst haben. Und Nicky war dazu noch fast schwarz – für viele der Inbegriff eines gefährlichen Hundes! Bei den Runden entlang der Oker begegneten wir vielen Radfahrern und Joggern, die sich gerade in der letzten Zeit vielfach über die Hunde aufregten, die sie bei der Ausübung ihres Sports behinderten oder störten. Der kombinierte Rad-Fußwanderweg ist bei schönem Wetter beliebt und belebt, daher musste unsere Maus von Anfang an lernen, dass sie beim Anblick eines Rades sofort zur Seite gehen und auf den Grünstreifen „Sitz" machen musste. Später kam dann noch der Befehl „Sitz-Bleib" dazu, das machte immer viel Eindruck bei den Passanten und wir ernteten viel Lob. Mir ging es darum, gegenseitige Rücksichtnahme zu praktizieren, denn ein freilaufender Hund (oder noch schlimmer: ein an einer langen Flexleine laufender Hund!) kann gefährliche Stürze bei heranpreschenden Radfahren verursachen, wie wir auch noch erfahren sollten. Auch der Hund konnte dabei erheblich verletzt werden.

Leider aber sind viele Radfahren nicht ansatzweise so rücksichtsvoll, sie rasen heran ohne zu klingeln und erschrecken damit Mensch und Tier. Wir wurden sogar manchmal beschimpft, weil wir diese Raser zur Drosselung ihres Wahnsinnstempos „genötigt" hatten.

Mit Joggern ergab sich ein ähnliches Bild. Da ich durchaus Verständnis dafür habe, dass es Menschen gibt, die Hunde nicht mögen, Angst vor ihnen haben oder beim Lauf nicht gestört werden wollen, musste Nicky auch hier brav zur Seite gehen und warten, bis der Weg wieder frei war. Viele Sportler waren freundlich und bedankten sich für unsere Rücksichtnahme, andere nahmen es als selbstverständlich hin, dass wir immer und immer wieder unseren Spaziergang unterbrechen mussten, um diesen flinken Flitzern den Weg frei zu machen. An manchen Tagen kam es mir vor, als ob wir mehr standen als gingen.

Allerdings gab es auch Exemplare, die solche Freundlichkeiten wie »Scheiß Köter, weg da!« von sich gaben, Läuferinnen, die freundlich grüßten und uns dann zuriefen: »Wir haben Pfefferspray dabei, man weiß ja nie, ob der Hund nicht bissig ist! Der sieht so gefährlich aus.« Ich hoffte sehr für die Frauen, dass sie es nie zum Einsatz bringen würden, denn bei einem erneuten Treffen möchte ich die Reaktion des Hundes nach einem solchen Angriff ohne triftigen Grund nicht erleben!

Gleichwohl war für Nicky „Sitz-Bleib" in diesen Situationen eine gute Übung. Sie lernte schnell, Radfahrern und Joggern auch ohne meine Anweisung Platz zu machen, so dass wir gemessen an anderen Hundehaltern wenig über Belästigungen klagen konnten. Wir übten so prima unsere Lektionen für die Hundeschule, denn außerhalb der Schulstunden sollten wir regelmäßig allein mit dem Hund üben. Nur die stete Wiederholung bestimmter Abläufe führt zu einem fast automatischen Gehorsam beim Hund, wie uns Uwe erklärt hatte.

Langsam fing es an so richtig Spaß zu machen, mit dem wilden Feger spazieren zu gehen. Die Anspannung der ersten Wochen ließ endlich etwas nach, ich musste mich nicht ständig auf Nicky konzentrieren und fing wieder an, die Schönheit der Natur um uns herum intensiver wahrzunehmen.

# Familienplanung

Von Anfang an waren wir uns einig, dass Nicky niemals Junge zur Welt bringen sollte. Die Situation für Hunde, Mischlinge noch dazu, ist in unserer Welt schon schwer genug. Auf der einen Seite die wirklich liebevoll aufgezogenen und tiergerecht gehaltenen Hunde, auf der anderen Seite aber die vielen voreilig angeschafften, halbherzig in den Familien verwahrt und schlecht gehaltenen Vierbeiner, die jedes Jahr froh sein können, wenn sie in der Urlaubszeit nicht eine endgültige Einquartierung im Tierheim erleben mussten. So viele Halter einer Hündin waren der Meinung, diese müsse unbedingt einmal im Leben Junge gehabt haben. Und das Ende vom Lied kann man in den Tierheimen bewundern: die vielen (Mischlings-) Welpen, billig abgegeben und leider oft impulsiv übernommen, sitzen schon bald im Heim und hoffen auf eine neue Chance, weil sich die neuen Halter überfordert fühlten oder der Hund doch nicht zum Lebensstil passte. Nein – das wollten wir nicht verantworten müssen, Nicky sollte kinderlos bleiben! Dieser Zustand ist für eine Hündin durchaus normal, in einem Rudel bekommt nur die Alfa-Hündin Welpen, die anderen dürfen sich an der Aufzucht allerdings beteiligen.

Bei Bo hatten wir leidvoll miterlebt, wie ein Rüde sich fühlt, wenn ringsum Hündinnen läufig sind. Bo hatte oft nächtelang nicht geschlafen, war unruhig und appetitlos. Da im Umkreis viele Hündinnen lebten, zog sich dieser Zustand sogar einmal über fast drei Monate hin – eine ganz schlimme Zeit, in der wir auch kaum zum Schlafen kamen und jede einzelne Hündin weit weg gewünscht hatten. Für eine Kastration, die Bo sicherlich nicht nur aus diesem Grund zu einem besseren Lebensabend verholfen hätte, war er nach Ansicht unseres damaligen Tierarztes zu alt. So hatten wir uns geschworen, bei dem nächsten Hund dieses Problem zum richtigen Zeitpunkt anzugehen. Nicky sollte kastriert werden!

Unsere Tierärztin begrüßte diese Entscheidung schon beim allerersten Besuch.

» Diese Entscheidung wäre gerade im Hinblick auf die Gesundheit der Hündin zu begrüßen. Eine möglichst früh durchgeführte Kastration kann spätere Gesäugetumore und Gebärmuttervereiterungen verhindern oder wenigstens weniger wahrscheinlich machen. Mit jeder Läufigkeit nimmt sonst die Tumorwahrscheinlichkeit zu. Ich habe selber eine Hündin durch diese Art Tumore verloren, daher ist Meggy auch bereits kastriert.«

»Und die Nachteile? Man hat ja schon so viel gehört…«

»Natürlich gibt es auch Nachteile für die Hündin, die durch den Eingriff eine Veränderung des Stoffwechsels erfährt und dadurch zu Übergewicht neigen kann, aber da kann man durch entsprechende Fütterung vorbeugen. Auch Inkontinenz tritt bei älteren Hündinnen nach einer Kastration häufiger auf, ist aber fast immer medikamentös zu behandeln. Wesensveränderungen sind bei Hündinnen eher selten zu erwarten. Und natürlich ist es eine größere Operation in Vollnarkose mit den entsprechenden Risiken.«

Ja, das waren die medizinischen Fakten, die wir mitbekamen und nun zu entscheiden hatten, wann der Eingriff durchgeführt werden sollte. So rein theoretisch war alles klar, es wurde uns empfohlen, den Eingriff so früh wie möglich durchführen zu lassen. Aber wenn ich dann das kleine Hundemädchen so vor mir sah, kamen mir Zweifel. Sollten wir wirklich schon vor der ersten Läufigkeit, die um den achten Monat herum zu erwarten war, diesen doch recht massiven Eingriff wagen? Würde sie nicht gerade in dieser Zeit noch jeden Tag zum Spielen brauchen und sollte nicht auf dem Krankenlager liegen müssen? Wie würde sie das seelisch verkraften? Sie war doch noch fast ein Welpe…

Ich fragte andere Halter von Hündinnen. Und je mehr ich mich in das Thema vertiefte, desto mehr wurde ich verunsichert. Jeder hatte seine eigene Geschichte zu erzählen. Ich hörte von übergewichtigen Hündinnen, von Hündinnen, die ihren Menschen das Leben schwer machten, weil sie „undicht" waren und die nach der Kastration recht zickig zu anderen Hunden waren. Nein, wie furchtbar! Unsere Nicky als Sofarolle? Ich ständig mit dem Wischmopp hinter ihr her? Nicky mit Maulkorb oder in Isolationshaft? Wie würde sie sich als „sexuelles Neutrum" fühlen, würden Hündinnen und Rüden sie noch als Hündin behandeln? Fragen über Fragen – keine Antworten…

Bei Umfragen in der Hundeschule hörte ich auch verschiedenste Meinungen, sie reichten von der Befürwortung der Kastration vor der ersten Läufigkeit, danach oder gar erst nach der zweiten Läufigkeit bis hin zu einem Eingriff nur bei medizinischer Notwendigkeit oder gar die totale Ablehnung dieses unnatürlichen Vorganges.

»Der liebe Gott hat den Lebewesen seine Organe doch nicht gegeben, damit wir Menschen versuchen, alles besser zu machen und sie einfach herausschnippeln!«

Die ersten Hündinnen aus der Gruppe wurden läufig, einige wurden schon kastriert. So auch Nickys Schwester Mandy. Nach zwei Wochen war sie wieder quietschvergnügt dabei und hatte den Eingriff komplikationslos überstanden. Langsam wurde es Zeit, dass wir uns festlegten! Lisa sollte erst eine Läufigkeit durchleben, so hatte ihr Frauchen entschieden. Je nach konsultiertem Tierarzt wurden die bereits erwähnten Standpunkte angeführt. Daraus konnte ich erkennen, dass selbst die Tierärzte keine einheitliche Meinung zu diesem Thema hatten. Und da sollten wir Laien uns zum Besten für unser Tier entscheiden!? Ich verfluchte fast, dass ich bei wichtigen Entscheidungen immer alles ganz genau wissen will! Ich machte mir immer mehr Sorgen, mir schwirrte der Kopf!

Ich hatte natürlich auch die „Patentanten" befragt und deren Standpunkte waren so unvereinbar, dass ich hin und her gerissen war. Die Züchterin konnte zwar verstehen, dass wir mit einer Mischlingshündin keine Welpen aufziehen wollten, aber warum sollten wir sie kastrieren?

»Ist euch eventuell eine Läufigkeit lästig? Die ist nun mal Bestandteil eines Hundelebens und mit ein wenig Organisationsgeschick könnt ihr es doch sicher einrichten, während der drei Wochen zweimal im Jahr die Gassirunden nach Außerhalb zu verlegen, damit nicht die halbe männliche Hundenachbarschaft vor der Haustür sitzt. Und die Blutspuren in der Wohnung sind mit entsprechender Möblierung kein Problem, außerdem gibt es spezielle Höschen.«

Da ich noch nie mit einer läufigen Hündin gelebt hatte, konnte ich nicht beurteilen, ob es wirklich so einfach werden würde. Aber es stimmte schon, ein wenig unangenehm war mir der Gedanke an die zu erwartenden Probleme schon. Und auch die anderen, die medizinischen Gesichtspunkte? Waren die nicht schwerwiegend?

»Na, weißt du, der vorbeugende Gesundheitsaspekt ist im Bereich der Spekulation anzusiedeln – wer kann dir sagen, ob Nicky zu Gesäugetumoren neigt? Man führt ja auch nicht zur Gesundheitsvorbeugung bei allen Frauen ohne weiteren Kinderwunsch eine Totaloperation (um die handelt es sich ja bei der Kastration) durch! Wäre es nicht auch gut möglich, dass die Tierärzte an der Kastration und deren möglichen Folgen, die eine Langzeitbehandlung nötig macht, nur gut verdienen wollen?«

Ja, so gesehen war das durchaus möglich. Aber wenn dann später Tumore auftauchten, würde man sich vielleicht bittere Vorwürfe machen! Was für eine weitreichende Entscheidung!

Die nebenbei beim Tierschutz arbeitende Brieffreundin Sabine aus Berlin konnte dagegen anführen, dass die Tierheime überquellen, da so viele Menschen halt unverantwortlich mit ihren Hunden umgehen und es aus Unachtsamkeit schnell zu Fehldeckungen kommt. Eine dann vorgenommene Hormonbehandlung (als Abtreibung) hätte sehr oft eine Gebärmuttervereiterung zur Folge und die Hündin müsste dann doch kastriert werden, um ihr Leben zu retten. In Berlin sponsert der Tierschutzverein die Kastration bzw. verlangt sie sogar bei Abgabetieren, um eine weitere Vermehrung zu stoppen. Sie selber hatte kastrierte Hunde und noch nie Probleme dadurch gehabt. Die Hunde, Hündin wie Rüde, waren fröhlich und munter und wirklich nicht dick oder träge. Das ist alles eine Sache der Fütterung und Bewegung. Viele füttern ihre kastrierten Tiere aus schlechtem Gewissen (man hat ihnen etwas „genommen") mit Leckerchen dick und rund. Wenn man ein wenig aufpasst, muss das wirklich kein Problem werden. Ob ich es verantworten könnte, wenn Nicky ungewollt Junge bekäme?

Ich musste an die vielen großen unkastrierten Rüden in der Umgebung denken und wie schnell etwas passieren kann. Einen Hund in der Größe von Nicky kann man nicht auf den Arm nehmen um ihn zu schützen. Mancher Rüde springt über Zäune (unser war allerdings 1,50 m hoch) oder buddelt sich darunter durch. Alles hatte ich schon gehört, erleben wollte ich es nicht auch noch! Und im Hinterkopf hatte ich die Leidenszeit von Bo. Das sollte man den Rüden in der Nachbarschaft eigentlich ersparen – auch die Menschen wären sicher dankbar.

Wie viele schlaflose Nächte mir diese Entscheidung abgefordert hat, kann ich gar nicht mehr sagen. Es ging mir nicht gut in dieser Zeit. Ich war erstaunt, dass es so schwierig war herauszufinden, was wirklich das Beste war. Ich wollte eine Entscheidung nur dann fällen, wenn ich auch dahinter stand!

Sepp war von Anfang an für die Operation, wollte mich aber nicht beeinflussen. Wir entschieden uns nach langen Gesprächen dann doch zur Kastration vor der ersten Läufigkeit. Inzwischen hatte auch Toska den Eingriff gut überstanden und wir konnten uns überzeugen, dass auch sie genau so munter und fröhlich war wie vorher.

Der Termin wurde auf Anfang Juli festgelegt.

Ende der Diskussion.

Ganz wohl war mir trotzdem nicht, seltsamerweise hatte ich ein ganz schlechtes Gewissen dem kleinen Hundemädchen gegenüber. Da trifft man eine so bedeutsame Entscheidung über ihren Kopf hinweg. Wie würde sie wohl dazu stehen?

Der Tag rückte näher, ich war ganz nervös und trotz gefällter Entscheidung immer noch unsicher. Sepp sah alles viel pragmatischer und schien sich nicht so tief hineinzudenken. Vielleicht der bessere Weg?

Einen Tag vor der Operation probierte ich Nicky den Body an, den auch Toska nach dem Eingriff getragen hatte und der sie vom Lecken der Wunde abhalten sollte. Nicky ließ das alles über sich ergehen, sah aber sehr unglücklich drein. Ob sie spürte, dass ich verunsichert war?

Es war ein warmer Tag, mittags musste sie sich auf dem Rückweg von der Gassirunde übergeben. Daraufhin rief ich bei der Tierärztin an, Nicky musste ja gesund sein, wenn der Eingriff durchgeführt werden sollte.

»Oh, das klingt aber gar nicht so gut. Kommen Sie mal lieber gleich vorbei, ich will sie noch mal untersuchen« meinte die Tierärztin. Gesagt, getan, ich packte die Maus also in das reichlich aufgeheizte Gefährt und los ging's. Wir brauchten nicht zu warten, wir hatten einen Sondertermin außerhalb der Sprechstunde. Die Ärztin ließ sich nochmals den Vorfall schildern, tastete den Bauch und hörte ihr Herz ab. Dabei machte sie ein ernstes Gesicht. Was war da los?

»Hm, das hört sich ein wenig ungewöhnlich an. Ich würde gerne eine Röntgenaufnahme vom Herzen machen und ein EKG schreiben. Ich möchte lieber ganz sicher gehen, dass alles in Ordnung ist.«

Ich hatte eher mit einem kleinen Magen-Darminfekt gerechnet, aber nicht mit einem Herzproblem! Während Nicky geröntgt wurde und wir anschließend auf die Entwicklung der Aufnahme warteten, saß ich recht unruhig und in Sorge um Nicky im Wartezimmer und blätterte in den Zeitschriften, die ausgelegt waren. Da fiel mir ein Artikel über Herzwürmer in die Hände. Sollte sie etwa…?? Sie war ja auch aus dem sonnigen Süden, wer weiß, was sie so alles mitgebracht hatte, als sie als Welpe nach Deutschland kam!? Nein, nein und nochmals nein! Das durfte einfach nicht sein!! Endlich wurden wir wieder hineingebeten.

»Ja, wie ich's mir dachte: das Herz scheint ein wenig zu groß zu sein. Wieso und warum – das kann ich jetzt noch nicht genau sagen. Das EKG schicke ich zur Auswertung weiter. Aber ich denke, es wäre gut, Sie würden Nicky mal in Hannover bei einem Spezialisten vorstellen, der mit Hilfe von Ultraschall das Herz genau untersuchen kann. Rufen Sie mich in den nächsten Tagen nochmals wegen des EKGs an und besorgen Sie sich einen Termin in Hannover. Die Operation müssen wir aber vorerst streichen, das Risiko möchte ich für Nicky nicht eingehen.«

Sie gab mir die Telefonnummer des Spezialisten. Mittlerweile war Meggy im Garten und durfte kurz herein um Nicky zu begrüßen. Das machte Nicky den Besuch gleich viel angenehmer. Sie wusste wahrscheinlich sowieso nicht, warum wir in der Praxis waren und so seltsame Dinge mit ihr geschahen.

Auf der Heimfahrt war ich wegen des Aufschubs der Kastration erleichtert. Der Termin war von Anfang an nicht optimal. Wenn ich es recht bedachte, hätte es bestimmt wegen des sehr heißen Wetters Probleme gegeben, die frisch operierte Nicky vom Wasser fernzuhalten, das überall in erreichbarer Nähe war. Und es heilt bei feucht-warmem Wetter auch nicht so gut. Ganz abgesehen von Kreislaufproblemen! Nein, es war gut, dass der Termin abgesagt war. Auch Sepp sah das so und wir wollten vor einer Operation wissen, was mit ihrem Herzen nicht in Ordnung war.

Das EKG ergab nichts Auffälliges, aber trotzdem sollte in Hannover der Grund für das vergrößerte Herz herausgefunden werden. Für Mitte Juli bekamen wir einen Termin. Kurz vorher schnitt Nicky sich auch noch die Pfote an einer Scherbe auf. Es war Wochenende und wir verbanden die Pfote, wie wir es halt bei Bo auch gemacht hatten. So musste sie mit Verband nach Hannover reisen. Für abends hatten wir den Besprechungstermin bei unserer Tierärztin und dabei konnte diese sich auch die Verletzung ansehen.

# Heißer Sommer

Der Tag, an dem wir nach Hannover fuhren, war ebenso heiß wie die vorherigen. Schon frühmorgens konnte man ahnen, dass es wieder ein Hochsommertag werden würde. Es war Sepps erster Urlaubstag und wir beschlossen, mein kleines Autochen zu nehmen, weil wir da wenigstens das Dach bei der Fahrt öffnen konnten. Sepps alter Mazda war in dieser Hinsicht zu warm und stickig. Er fuhr, denn solche unbekannten Strecken traute ich mir als Fahranfängerin noch nicht zu.

In Hannover mussten wir uns in Richtung Maschsee orientieren, die Praxis befand sich in einer feinen Villengegend. Unser Termin war in der Mittagszeit, wir waren aber viel zu früh da und verbrachten noch etwas Zeit am erfrischend schattigen und kühlen Seeufer. Leider konnte Nicky aufgrund der verletzen Pfote nicht zum Abkühlen ins Wasser – etwas, was sie nur zu gerne getan hätte. Wir gingen zurück zum Auto, gaben ihr zu trinken, dann war es schließlich soweit.

Der freundliche Tierarzt meinte, als er Nicky erblickte:

»Wen haben wir denn da? Na, da ist aber bestimmt ein Irischer Wolfshund unter den Vorfahren!«

Das hatte Lisas Frauchen auch schon öfter zu hören bekommen und nun wiederfuhr uns dies ebenfalls! Irische Wolfshunde sind die größten Hunde, die es gibt! Nicky und ihre Schwestern waren doch als „kleinbleibende Schnauzermischlinge" damals vom Tierheim in der Zeitung angeboten worden. Ob die Nachbarn doch recht hatten mit ihren Prognosen bezüglich Nickys Endgröße? Als wir das dem Tierarzt erzählten, musste er lächeln.

»Na ja, so groß wird sie sicher nicht werden. Aber eine Ähnlichkeit ist vorhanden.«

Nickys Bauch wurde mit Gel eingestrichen und er fuhr mit dem Ultraschallkopf über ihren Brustkorb. Auf dem Computermonitor konnte man ein fast dreidimensional wirkendes Bild ihres Herzens sehen. Es war digital eingefärbt, so konnte man die Funktion genau verfolgen. Ganz anders als die eher unklaren Ultraschallbilder, die ich bisher so zu Gesicht bekommen hatte. Faszinierend!

Nicky hielt ganz still, sie war die Ruhe selbst.

Die Untersuchung ergab, dass eine ihrer Herzkammern ein wenig vergrößert war, allerdings noch im oberen Bereich der Norm. Im Hin-

blick auf ihre eventuellen Ahnen (die Wolfshunde..!) kein außerge-
wöhnlicher Befund, den man jedoch immer im Hinterkopf behalten
sollte, wenn in späteren Jahren mal Probleme auftauchten. Er lobte
unsere Tierärztin für ihre gute und gründliche Voruntersuchung und
meinte, bei dem Röntgenbefund hätte er auch eine Abklärung der
Ursache gewünscht. Aber so wie es aussah, war sie gesund und wir
bräuchten uns keinerlei Sorgen zu machen. Die OP könne auch wie
geplant durchgeführt werden – kein Problem! Herzwürmer hatte sie
auch nicht – wie gut!

So fuhren wir erleichtert (allerdings auch im Portemonnaie, die Untersuchung war nicht ganz billig gewesen) in der glühenden Mittags-
hitze nach Hause, um uns dort im Garten von den Strapazen auszuru-
hen.

Der Termin bei unserer Tierärztin war erst um achtzehn Uhr. Im
von der Sonne aufgeheizten und stickigen Wartezimmer war es noch
recht voll, Nicky spielte aber hingebungsvoll mit einem Entlebucher-
rüden, der von ihr ganz hingerissen war. Als wir an der Reihe waren,
zog draußen eine düstere Gewitterfront auf. Die Ärztin nahm die
Unterlagen entgegen und war hocherfreut, dass Nicky gesund war.

»Na, dann könnten wir ja am Mittwoch operieren. Ich hätte da einen
Termin frei«, meinte sie beim Blick in ihren Terminkalender.

Mir ging das alles viel zu schnell. Außerdem hatte Sepp doch Urlaub und wir wollten mit Nicky auch viel unternehmen! Wir lehnten
den Termin dankend ab.

Nicky musste noch einen kleinen Eingriff erdulden, denn die Pfote
musste genäht werden, der Schnitt war viel tiefer, als wir vermutet
hatten. Zur Kontrolle sollten wir ein paar Tage später wiederkom-
men.

Als wir heimkamen, donnerte das Gewitter los und wir waren vollkommen erschöpft.

Am nächsten Tag entdeckten wir, dass Nicky „tröpfelte". Erst nur
wenig, dann immer stärker. Sie war läufig!

Da mussten wir nun durch, es sollte wohl so sein. Und vielleicht
war es auch gut, dass es so kam, denn wir erlebten nun, was es bedeutet, wenn eine Hündin läufig ist.

Nickys Läufigkeit kam reichlich überraschend für uns. Lisa hatte
Anfang Juli mal ein, zwei Tage in wenig „rosa" getröpfelt, aber das

war außer ihrem Frauchen niemandem aufgefallen. Auch hatten sich die anderen Hunde nicht auffällig ihr gegenüber benommen, so dass sie auch weiterhin zur Hundeschule gehen konnte. Der Besuch mit einer läufigen Hündin ist aus verständlichen Gründen (der Geruch bringt alle anderen Hunde vollkommen außer Rand und Band) verboten. Bei Nicky war es eindeutig, sie tröpfelte wo sie ging und stand in dicken roten Tropfen. Im Garten ging es ja noch, in der Wohnung musste ich höllisch aufpassen, dass ich Tropfen vom Teppich gleich entfernte und auch sonst immer alles aufwischte, denn es roch auch nicht gerade angenehm. So kauften wir ihr für über zwanzig Mark ein Höschen, welches das Blut aufnehmen würde. Mit zurechtgeschnittenen Slipeinlagen bestückt, kam sie prima damit zurecht. Da es warm war und wir fast nur im Garten saßen, brauchte sie es auch nur nachts im Haus zu tragen. Beim Gassigehen hätte es gestört, denn sie musste ja Pipi machen können.

Gassi gehen war allerdings schwieriger geworden. Zwar waren die Rüden der Nachbarschaft anscheinend noch nicht aufmerksam geworden (die hatten wohl noch nicht mitbekommen, dass sie erwachsen wurde), aber wir wollten auch keinerlei Probleme heraufbeschwören. Wie es der „Zufall" so wollte, konnten wir durch Sepps Urlaub für alle Runden weit entfernte Orte ansteuern, um keine Spuren zu legen.

Sepp hatte kurz nach dem Termin in Hannover ein größeres gebrauchtes Auto, einen Variant, gekauft. Wer wusste denn schon, wie groß unsere Maus noch werden würde? Zu diesem Zeitpunkt war sie knapp kniehoch, eine recht handliche Größe für ihre acht Monate.

Nicky sah das neue Auto, hüpfte auf die geöffnete Ladefläche und war überglücklich. Was für eine tolle Hundesänfte! Autofahren liebte sie von Anfang an und nun mit dem tollen Auto noch viel mehr.

Wir lernten in dieser Zeit viele einsame Gegenden kennen, abgelegene Orte, Feldwege, Waldstücke ohne großen Publikumsverkehr – Immer auf der Hut vor unangeleinten Rüden auf Freiersfüßen. Aber wir hatten Glück – es war Ferienzeit und daher meist recht menschenleer. Bis auf einen kleinen Ausflug mit meinen Eltern machten wir es uns daheim gemütlich, es war auch viel zu heiß, um durch die Gegend zu fahren oder zu wandern. Dafür würde im Frühherbst noch Zeit genug sein. Viel zu schnell war der Urlaub um und auch Nickys Hitze war vorbei. Das nennt man gutes Timing!

Allerdings durfte sie auch noch einige Zeit danach nicht in die Hundeschule, denn der Geruch hängt den Hündinnen noch tagelang an und verwirrt die Schulkameraden. Also hatten wir immer noch schulfrei!

Unsere Tierärztin war etwas erstaunt, als wir ihr beim Kontrolltermin der Schnittwunde von Nickys Läufigkeit berichteten. Sie hatte Nicky recht genau untersucht, auch in Hinblick auf einen eventuellen Kastrationstermin. All die deutlichen Vorzeichen, die bei einer erwachsenen Hündin einen Hinweis auf die bevorstehende Hitze geben, waren bei unserem Hundemädchen nicht ausgeprägt gewesen. Beim ersten Mal war das durchaus normal. Allerdings wurde mir schlagartig klar, warum die Rüden in der letzten Zeit alle so freundlich zu ihr gewesen waren und ohne Ausnahme auf ihre Spielaufforderungen eingegangen waren. Die hatten eine feine Nase für diese Dinge, auch wenn sie an Nicky noch nicht so recht interessiert waren!

Die Kastration vertagten wir in die Zeit der hormonellen Ruhephase zwischen zwei Läufigkeiten. Dies war ein optimaler Zeitpunkt, an dem das Gewebe wenig durchblutet und damit eine Operation besonders komplikationslos ist. Ich war sehr froh über diesen erneuten Aufschub von ca. drei Monaten und konnte aufatmen, auch wenn die Entscheidung mir immer noch auf der Seele lag.

# Spielzeit

Eine ganz wunderbare Erfahrung war es zu entdecken, was für ein ausgeprägtes Sozialverhalten Nicky hatte. Schon früher hatte ich gehört, dass gerade die südländischen Hunde sehr verträglich sind. Ich hatte diesem Gerede wenig Glauben geschenkt, außerdem war ich damals wie viele andere auch der Meinung, es wäre irrsinnig, auch noch Hunde zu importieren, wo die Tierheime hier mit den armen verstoßenen einheimischen Tieren voll genug sind. Aber Nicky belehrte uns eines Besseren, sie zeigte deutlich, dass die „ausländischen" Hunde ihrem Ruf durchaus gerecht werden.

Durch ihre unterwürfige Art der Annäherung gab es keinerlei Probleme mit fremden Hunden und sie schaffte es eigentlich immer, sogar etwas ältere und bekanntermaßen sture Hunde zu einer kleinen Spielrunde aufzufordern. Am liebsten waren ihr Hunde ihres Alters, die es in der Umgebung inzwischen auch wieder reichlich gab. Die alte Hundegeneration von Bo und seinen Kumpeln war abgetreten, junge Hunde hatten allerorten die Nachfolge angetreten.

Ganz in der Nähe lebte Charly, ein Dackel-Schnauzermischling. Er war der Nachfolger von Blacky, deren Duft Bo immer so sehr betört hatte, dass wir viele unruhige Nächte hatten. Der kleine Kerl mit seinem schwarzen, leicht lockigen Fell mit weißen Stichelhaaren und Bart, der rein äußerlich bis auf die Größe wenig vom Dackel hatte, freundete sich gleich in den ersten Tagen mit Nicky an. Die beiden mochten sich auf Anhieb, Charly und Nicky schmusten herum und Nicky ließ ihm so allerhand durchgehen. Er durfte sie gründlichst beschnüffeln und dann wurde gespielt. Rennen war nicht das richtige Spiel für die beiden, dazu hatte Charly einfach zu kurze Beinchen und war einfach nicht schnell genug für sie – sehr zu ihrem Leidwesen! Ihm zuliebe legte sie sich zum Spielen hin, er war im Verhältnis zu ihr winzig. Sie nahm ihn regelrecht in die Arme und leckte ihm das Maul, teilweise „knutschten" die beiden richtig herum, wobei mal Nickys Schnauze in Charlys Schnauze verschwand und umgekehrt. So etwas hatte ich bisher noch nie gesehen. Nicky perfektionierte diese Form der Liebkosung und war bald dafür bekannt, hemmungslos ihre Freundinnen und Freunde mit feuchten Küsschen zu beehren.

Dann war da natürlich Lady, die sie seit dem ersten Wochenende kannte und die sie heiß und innig liebte. Auch hier war der Größenunterschied bald ein kleines Problem, denn Nicky wuchs ihr zu schnell über den Kopf. Nicky war ganz aus dem Häuschen wenn sie im Garten war und die Freundin sah, roch oder hörte. Sie rannte sogleich zu unserer Gartenpforte und lud Lady zum Spielen ein. Ich machte den beiden gerne die Freude, öffnete, ließ Lady mit Begleitung herein und schon sausten sie wie die Wilden immer kreuz und quer durch den Garten, verschwanden in den Blumenbeeten und hatten ihren Spaß. Auch Bo hatte hin und wieder seinen Kumpel Chiccy, den Yorkie, zum Spielen eingeladen. Mich freute es, dass unsere Hunde kein Problem damit hatten, fremde Hunde auf dem Grundstück zu dulden. Dass sie unseren Garten in einen Spielplatz verwandelten, wurde durch strahlende Hundeaugen mehr als aufgewogen.

In der Hundeschule schloss sie sich mit der Zeit immer enger ihrer Schwester Lisa und der Airedalehündin Toska an, wahrscheinlich weil wir uns bald auch außerhalb der „Schulstunden" häufiger mit ihnen und ihren Menschen trafen. Der Sommer war Anlass genug, entweder Lisa mit Frauchen oder auch Toska mit Begleitung in unseren Garten einzuladen, in dessen kühlem Schatten der Büsche und Bäume man an heißen Tagen so angenehm Urlaub vom Alltag machen kann. Nicky hatte inzwischen herausgefunden, dass Wasser herrlich kühlt und man unseren Gartenteich prima als Badeschüssel benutzen konnte.

Die Goldfische waren es von Bo ja schon gewohnt, dass sie Besuch bekamen, aber was die Hundemädels nun veranstalteten, das war schon allerhand! In allerkürzester Zeit hatten die Besuchshunde von Nicky Zweck und Möglichkeit unseres Teiches erklärt bekommen und obwohl die wilden Mäuse alle noch nicht „richtig" schwimmen konnten, hüpften sie mit lautem Gekreische und Geplansche immer wieder ins kühle Nass. Dann rasten sie wie angestochen im Kreis durch den Garten, spielten Fangen und jagten sich gegenseitig kleine Stöckchen ab. Der Boden rings um den Teich weichte auf, die Terrasse war schnell überzogen von schlammigen Pfotenabdrücken. Das Haus hielt ich fest verschlossen – ich hoffte, dass es wenigstens dort sauber blieb. Die Geräuschkulisse ähnelte der eines Freibades. Die Hunde waren überglücklich. So etwas Tolles hatten sie lange nicht erlebt und so kam es dann auch, dass sie bei einem erneuten Besuch zuerst ohne zu zögern in den Gartenteich stiegen. Gewohnheitsrecht sozusagen!

Wir Menschen tranken derweil gemütlich Kaffee und brauchten uns wenig Sorgen um die Hunde zu machen – die waren beschäftigt. Wenn sie kaputt vom Toben waren, legten sie sich in eine schattige Ecke, um zu dösen – was bei ihrer Kondition allerdings nicht lange dauerte. Eine kleine Zwischenmahlzeit mit einem Knabberöhrchen oder einem Stückchen Ochsenziemer war durchaus willkommen und wurde gemeinsam und unter wechselseitigem Austausch der Köstlichkeit genossen. Anschließend wurde eine Runde geschmust, mit der Zunge dem anderen Hund ums Maul gegangen (was hattest du da Leckeres?). Nur selten war mal ein kurzes Knurren hören, sie waren einfach sehr lieb miteinander.

Mich beeindruckte dieser liebevolle Umgang miteinander. Hundefreundschaft hatte ich schon zwischen Bo und Chiccy erlebt, aber die war kumpelhafter Natur und umfasste nur eine besonders freundliche Begrüßung. Dies hier war eine gefühlsmäßig andere Ebene. Nicky war schon im Vorfeld eines Besuches ganz aufgeregt. Kündigte ich mit »Nachher kommt Lisa« die Schwester an, dann jubelte Nicky auf, rannte zur Tür, hüpfte mit den Vorderpfoten dagegen, um dann vor der Tür liegend zu warten. Kam der Besuch endlich in die Nähe des

Hauses, brauchte er nicht zu klingeln – Nicky spielte innen regelrecht verrückt! Kaum wurde die Tür geöffnet, fiel sie dem anderen Hund förmlich in die Arme um ihn dann hinaus in den Garten zum Spielen zu begleiten. So verfuhr sie auch mit anderen, ihr teilweise vollkommen fremden Hunden. Sobald sie merkte, der andere Hund hat ihre Wellenlänge – er war in etwa in ihrem Alter und hatte die gleiche Freude am Spiel – waren alle Hunde höchst willkommen. Auch Spielzeug überließ sie den anderen Hunden, sollten diese noch irgendwo eines entdeckt haben. Normalerweise räumte ich aber vorher alles weg, damit es keinen Grund für Streit geben konnte. Nicky war großzügig in dieser Hinsicht, andererseits tief unglücklich, wenn der andere Hund ein Spielzeug zerpflückte oder zerbiss – etwas, das sie nicht tat. Sie ging sehr sorgsam mit allem Spielzeug um. Misshandelte einer ihrer Spielkameraden ihre Sachen, kam sie angelaufen und baute sich mit vorwurfsvollem Blick vor mir auf, fast wie ein kleines Kind, um zu petzen: »Schau mal, die macht mein Bällchen kaputt. Mach' doch was!«

Von anderen Hunden wusste ich, dass diese sorgsam über ihre Schätze wachten und sehr ungnädig wurden, sollte sich jemand denen nähern.

Bei einem Treffen in der Hundeschule fragte mich Lisas Frauchen: »Sag mal, was hältst du davon, wäre es nicht interessant, die vierte Schwester zu finden?« Sie schaute mich erwartungsvoll an. »Vielleicht kann man uns im Tierheim die Adresse geben? Wie sie wohl aussieht? Mehr wie Mandy oder Nicky? Oder ähnelt sie Lisa? Du, das ist doch einfach spannend, ich versuche mal, ob ich die Leute ausfindig mache!«

»Ja, das ist eine tolle Idee. Wann hat man schon so einen ganzen Mischlingswurf mal beieinander und kann sehen , wie sie sich entwickelt haben? Mach mal, meinen Segen hast du!«

Lisa war inzwischen ein ganzes Stück größer als Nicky und hatte eine helle Gesichtsmaske bekommen. Mandy war immer noch die zierlichste der drei, die sich regelmäßig in der Hundeschule trafen. Wie auch bei menschlichen Geschwistern gab es inzwischen auch hier und da beim Toben kleinere Meinungsverschiedenheiten, wobei ich amüsiert zur Kenntnis nahm, dass es Eifersüchteleien hinsichtlich des schwarzen Rüden Balou waren, mit dem sich Nicky ganz zu Anfang so eng zusammengeschlossen hatte. Andererseits beschützten sich die Schwestern durchaus gegenseitig gegenüber manch rauem Spielchen der anderen Hunde. Ob sie wohl in irgendeiner Form wussten oder ahnten, dass sie Schwestern waren? Ob das für einen Hund wohl eine Rolle spielt?

Lisas Frauchen erhielt über das Tierheim die Adresse von der vierten Schwester, dann war es meine Aufgabe, den Kontakt herzustellen. Die vierte Schwester hieß Balu und wohnte im Nachbardorf. Irgendwann wären wir beim Spaziergang sicher aufeinander gestoßen. Ob wir die andere Hündin wohl erkannt hätten? Wir vereinbarten ein Treffen an einer für alle gut erreichbaren Stelle an der Oker und waren recht gespannt. Leider musste Mandys Familie kurzfristig absagen, so waren es wiederum nur drei Schwestern, die sich in den frühen Abendstunden trafen. Wir hatten diese Zeit gewählt, damit die Hunde nicht in der großen Hitze, die immer noch herrschte, toben mussten. Als erste erreichten wir den Treffpunkt am Wehr der Oker zwischen den beiden Dörfern und warteten dort auf das, was nun kommen sollte. Nicky erblickte bald ein Paar mit Hund, der beim Näherkommen aussah wie Lisa. Schon wedelte ihr Schwänzchen, Lisa liebte sie wirklich sehr. Die drei waren fast bei uns, plötzlich hörte Nicky auf zu wedeln, hielt kurz inne und nach kurzem Zögern stürzte sie auf den Hund zu, um ihn zu begrüßen! Anscheinend hatte sie Balu tatsächlich wiedererkannt! Wir machten uns mit Balus Menschen bekannt und waren alle ganz begeistert, dass die beiden Hunde so prima miteinander klar kamen. Es gab sofort viel zu erzählen, wir hatten Nickys Fotoalbum mitgebracht und auch Balus Welpenzeit konnten wir auf Fotos miterleben. Währenddessen kam endlich auch Lisa mit ihrem Frauchen zum Treffpunkt. Lisa stutzte, als sie die beiden spielenden Hunde sah, erkannte Nicky, fing an zu wedeln, senkte dann aber den Schwanz. Die andere Hündin, die ihr anscheinend bekannt vorkam, doch andererseits nicht richtig vertraut war, verunsicherte sie. Zögerlich lief sie auf die beiden Schwestern zu, wurde von Nicky liebevoll begrüßt und endlich war das Eis gebrochen und alle drei tobten herum. Da hatten sich drei ebenbürtige Geschöpfe gefunden, alle flitzig und temperamentvoll, freundlich und echte Wasserratten ohne Schwimmkenntnisse, wie wir nun erkennen mussten als alle drei ins Wasser hüpften, um nahe dem Ufer zu planschen. Eigentlich wollte ich die drei Schwestern in ihrer ganzen Pracht fotografieren, nun waren sie pitschnass. Triefend sahen sie alle drei aus wie begossene Pudel, aber unverkennbar wie drei Hunde einer „Rasse". Das erkannten auch

Passanten, die dem übermütigen Treiben der Hundemädels mit sichtlicher Erheiterung zusahen.

»Die sind doch sicher alle drei von einer Rasse, oder?«

»Natürlich. Das sind Lanzerote-Strandschnauzer.«

Als wir die ungläubigen Blicke sahen, mussten wir alle lachen und klärten die äußerst verdutzten Zuschauer auf: »Die drei Hunde sind Schwestern. Sie kommen aus Lanzarote über das Tierheim Wolfenbüttel und treffen sich gerade zum ersten Mal seit der Abgabe im März«

Nun wollten die Leute natürlich wissen, wieso und warum die Hunde hier in Deutschland wären und so erzählten wir vom schweren Schicksal der Hunde dort auf der Insel.

»Na, dann haben sie es aber jetzt alle sehr gut getroffen, wie man sieht. Viel Glück noch miteinander!« Es waren anscheinend echte Hundefreunde…

Die drei Hunde hatten so viel Spaß miteinander, dass wir uns gegenseitig versicherten, uns auch in Zukunft hin und wieder zu treffen. Es war auch sehr interessant zu sehen, wie sich die Schwestern entwickelten. Sie waren sich in vielerlei Hinsicht sehr ähnlich, aber es gab auch deutliche Unterschiede, wie zum Beispiel in Größe und Fellfarbe. Balu war die kräftigste von allen, ihr Fell wirkte etwas struppiger und wilder und tendierte mehr zum Gräulichen. Nicky war die dunkelste und zierlicher als Lisa und Balu, die beide auch eine helle Gesichtsmaske hatten, sie hatte aber als einzige die putzigen Stehohren mit Zipfelchen. Lisa und Balu hatten auch interessante Ohren, allerdings ähnelten die mehr den Rosenohren eines Irischen Wolfshundes und Balus hatte ebenfalls diese lustigen Zipfelchen dran. Mandy

war am zierlichsten, hatte weniger Bart und auch nicht die lustigen Haare an den Ohren, sie ähnelte am meisten einem kleinen Schäferhund.

Auch sonst machte Nicky allerlei Bekanntschaften. Während der Mittagsrunden begegneten wir manchmal einen Golden Retriever-Rüden. Er war ungefähr in Nickys Alter und ganz ihre Kragenweite. Beide spielten gerne und sehr harmonisch miteinander, keiner dominierte den anderen. Es war immer eine Freude, den beiden Hunden beim Spielen zuzusehen. Sein Frauchen traf man oft im blütenweißen Outfit, was mir bei einem jungen Hund eher bedenklich erschien. Bei Nickys Temperament konnte ich nur alte Jeans und gedeckte Farben tragen, ansonsten sah ich immer schmuddelig aus. Das lag zum einen an ihrer Springfreudigkeit, die zu diesem Zeitpunkt noch recht ausgeprägt war, und auch an ihren Spielkameraden, die ihr darin in nichts nachstanden. Nun aber musste ich höllisch aufpassen, denn das Frauchen vom Retriever hatte von Anfang an klargestellt, dass sie diese Anspringerei nicht dulden wollte – ihr Hund würde das ja auch nicht tun!! Nun gut, sie hatte recht und bis auf einen unglücklichen Zwischenfall, der mir mächtig im Magen lag, lief auch alles prima. Der fast weiße Hund sah nach seinen Toberunden mit Nicky immer sehr grau und dreckig aus – sie trullerten ja durchs Gras, buddelten Kaninchenlöcher aus und liefen durch den kleinen Bach, der an der „Spielwiese" entlangfloss. Fast konnte man meinen, die schwarze Nicky würde „abfärben"… Aber ein Retriever hat ein pflegeleichtes Fell, nach dem Trocknen fällt der Dreck fast von alleine ab und der Hund ist wieder weiß. Ein feuchter Lappen und ein wenig Nachhelfen mit der Bürste – sauber ist der Dreckspatz.

Doch dann hatten die beiden, die schon zusammen mit dem Fahrrad unterwegs waren und viel größere Runden absolvierten, irgendwann im Winter ihren Zeitplan geändert, jedenfalls trafen wir sie nach einiger Zeit kaum noch. Vielleicht war ihr Nicky dann doch etwas zu wild und ungestüm oder zu schmuddelig? Schade, aber Nicky brauchte sich trotzdem nie zu langweilen. Irgend jemanden traf man immer!

# Freischwimmen

Es war Hochsommer und Nicky genoss ihn planschenderweise. Sie liebte das Wasser und kühlte sich so oft es ging in den Fluten der Oker oder auch nur in unserem Gartenteich. Der nahe Südsee bot ihr ebenfalls bei warmem Wetter einen Temperaturausgleich der besonderen Art. Sie hüpfte in der flachen sandigen Uferzone ins Wasser und freute sich über das Plitschen und Platschen, aber sobald sie den Grund unter den Füßen zu verlieren drohte, begann sie zu kreischen und kam schnurstracks herausgeklettert. Nein so etwas, der Hund konnte nicht schwimmen! Das hatte ich nicht erwartet, aber es ist anscheinend keine reine Instinkthandlung. Dazu gehört der nötige Mut und der Glaube an die Tragkraft des Wassers. Eigentlich genau wie bei uns Menschen...

Ich hoffte, sie würde sich das Schwimmen einfach bei den anderen Hunden abschauen. Oft trafen wir an heißen Tagen eine ganze Meute am Südsee, wo sie an einer ganz flachen Uferstelle fröhlich und ausgelassen herumtollten. Die meist etwas älteren Hunde sprangen ganz munter hinein ins kühle Nass und zogen souverän ihre Bahnen um Stöckchen oder Spielzeuge zu apportieren. Probehalber warf ich ihr das Stöckchen etwas über den flachen Uferbereich hinaus. Meine Wasserratte in spe stand zögernd und zaudernd am Ufer, mir kam es vor als ob sie schrie:

»Huch, da wird man ja nass. Mach, dass das Stöckchen zu mir kommt, ich geh' da jedenfalls nicht rein!« Sie war auf einmal gar nicht mehr so fröhlich wie noch Sekunden vorher. Die anderen Hunde schauten ganz verdutzt, denn eigentlich war Nicky, wenn es ums Toben ging, immer die wildeste von allen. Plötzlich veranstaltete diese kecke Flitzemaus so ein Theater!

Da waren selbst Max und all die anderen Hunde ratlos und ich begann mich zu erkundigen, wie die anderen Hunde Schwimmen gelernt hatten.

»Also, unser Fifi konnte das ganz von alleine. Aber er ist sowieso ein ganz mutiger Kerl!«

»Wie schön, doch bei unserer Emmy hat es ebenfalls ziemlich gedauert. Ich dachte schon, das wird nichts mehr und dann ging es von einem Tag auf den anderen. Keine Ahnung, weshalb auf einmal der Knoten geplatzt ist…«

Also bestand durchaus Hoffnung! Wenn andere Hunde auch so lange gebraucht hatten, konnte ich Hoffnung schöpfen, dass auch Nicky zu den Spätzündern gehörte. Ganz ungeeignet war es den Berichten nach offenbar, den Hund ins Wasser zu schubsen in der Erwartung, dass der Kandidat dann schwimmen muss. Dadurch konnte der Hund jegliches Vertrauen zu Bootsstegen oder Uferböschungen oder im ungünstigsten Fall sogar zu seinen Menschen verlieren. Das wollten wir Nicky nicht antun!

Da es über längere Zeit schon recht heiß war, besuchten wir mit Nicky alle möglichen Teiche und Seen der Umgebung. Aber es tat sich nichts! Sie stand weiterhin im Uferbereich, schrie und zeterte und alle Welt schaute verwundert auf diesen seltsamen Hund, der sich so zimperlich anstellte. Ich fand es langsam bedenklich, dass sie mit dem Schwimmen solche Probleme hatte. Bisher hatte ich gedacht, dass Hunden das Schwimmen angeboren ist. Aber vielleicht lag es ihr halt einfach nicht im Blut? Lisa schwamm auch noch nicht so richtig…

Der Sommer neigte sich langsam den Ende zu – entweder sie lernte es bald oder es würde in diesem Jahr nichts mehr. Jetzt waren die Teiche und Gewässer durch die Wärmeperiode noch so richtig badewannenwarm, in wenigen Wochen war schon  mit ersten Nachtfrösten zu rechnen. Und wie heißt es so schön: Was Hänschen nicht lernt… Auch die Hundeschule konnte nicht weiterhelfen, Hundeschwimmen stand nicht auf dem Lehrplan. Tipps gab es keine anderen als die bereits gehörten. Man müsse halt Geduld haben.

Wir besuchten zur Abwechslung eine ehemalige Kiesgrube  in der Nähe, die zu einem Naherholungsgebiet umgestaltet war. Hier schwammen Menschen, Enten, Hunde in friedlicher Eintracht; eine Idylle, die wir schon mit unserem Wasserfreak Bo gerne besucht hatten. Mir war jedoch der Anblick der teils textilfrei badendenden Herren etwas peinlich und ich wusste so gar nicht, wie man sich in voller Montur zwischen diesen Sonnenanbetern verhalten sollte. Damen trugen dem Anschein nach hier lieber Badeanzüge bzw. schwammen eher selten… Die Nackedeis störten sich nicht an uns, genauso wenig wie Nicky sich an ihnen störte. Die sah nur das klare Wasser und stürzte sich in die Fluten.

Aber nur bis zum Bauch – Schluss – Ende!

Ein älterer Mittelschnauzer mit seinem (bekleideten) Herrchen erreichte unsere Badestelle. Der Mann holte aus der umgehängten Tasche einen Stock und warf ihn, so schien es mir, quer über den See. Der Hund nahm Anlauf, sprang mit Karacho hinein und schwamm schnaufend und prustend wie ein Walross hinterher. Nicky stand und staunte.

Toll!

Das gefiel ihr, der Hund beeindruckte sie. Mindestens fünf oder sechs Mal schwamm der schon ältere Hund seine Bahnen, kletterte immer ganz fröhlich aus dem Wasser, legte stolz den Stock vor sein Herrchen, schüttelte sich und forderte eine weitere Runde ein.

»Das macht er schon seit Jahren so, fast jeden Tag, auch wenn es kälter wird. Das hält ihn gesund und munter. Er ist hinterhehr ganz ausgeglichen und zufrieden« erklärte der Mann.

Ob Nicky bei solch einem sportlichen Vorbild vielleicht Lust bekommen hatte aufs Schwimmen? Sepp warf also ein Stöckchen – nichts außer Geschrei und Gekreische!

Es war ein warmer Tag. Mein Blick fiel auf Sepps Shorts und Sandalen. Mir kam da eine Idee!

»Sag mal, willst du als gutes Herrchen nicht mit gutem Beispiel vorangehen – so bis zu den Knien ins Wasser, vielleicht kommt sie ja nach?«

»Ach, ich weiß nicht recht. Aber einen Versuch ist es wert!«

Gesagt – getan. Sepp entledigte sich seiner Sandalen, Mann und Maus verschwanden im Wasser.

Bis zu den Knien der Mann, bis zum Bauch die Maus.

Geschrei, Gekreische. Nein, *so* ging das nicht!

In Sepp erwachte ein wahrer Held! Sein Ehrgeiz war geweckt, er wollte Nicky jetzt das Schwimmen beibringen. Das müsste ja mit dem Teufel zugehen, wenn sie das nicht lernt!

Am nächsten Tag zog er seine Badehose an (das textilfreie Baden lag ihm nicht so) und schaffte es tatsächlich, Nicky ganz vorsichtig ins tiefere Wasser zu lotsen. Erst nur ein kleines Stückchen, dann immer weiter, bis er dann ein, zwei Züge schwamm und sie ein Stückchen neben ihn paddelte. Ich blieb am Ufer und bestaunte das Schauspiel. Als der Held und seine Wassernixe ans Ufer kamen, gab es überschwängliches Lob!

»Toll hast du das gemacht, Nicky. Ganz ganz fein gemacht! Was für ein mutiges Hundchen du bist!« Wir hätten sie gar nicht zu loben brauchen, sie war sichtlich stolz auf sich! Sie strahlte förmlich übers ganze Gesicht und hüpfte und sprang herum vor Freude.

»WUFF, WUFF, WUFF« - noch mal, Herrchen, das war toll!

Und so gingen beide nochmals hinein, Nicky schwamm eine weitere kleine Runde. Zwar noch nicht so elegant wie der Schnauzer vom Vortag, aber sie schwamm! Der Schwimmstil würde sich bestimmt mit der Zeit verbessern. Noch zappelte sie nervös herum, aber je länger sie schwamm, desto ruhiger wurden auch ihre Schwimmbewegungen.

Am nächsten Tag, es war ein strahlender Sonntagmorgen, waren wir abermals zur Stelle, um sie schwimmen zu lassen. Bevor es um die Mittagszeit dann richtig voll werden würde, wollten wir wieder daheim sein. Ich hatte eine Videokamera dabei, um Nickys Schwimmversuche festzuhalten – zwar nicht mehr die ersten, aber immerhin der Beginn ihrer Schwimmkarriere. Wir waren so stolz, dass sie diese Hürde genommen hatte!

An der Badestelle waren schon zwei Hunde dabei, sich in den Fluten zu vergnügen. Ein älterer Schäferhund platschte immerzu mit den Pfoten aufs Wasser, schnappte nach den aufspritzenden Wassertropfen und bellte dabei aus voller Kehle. Das kam uns seltsam vor – war der arme Hund etwa im Wasser angebunden, wurde er gequält? Es gab immer mal wieder Berichte von Tierquälern in der Zeitung, sollten wir hier etwa Zeuge eines solch abscheulichen Vorgangs sein? Ein Mann saß auf einer Baumwurzel, die ins Wasser ragte, neben ihm ein sichtlich uralter Hund, der gemeinsam mit ihm gerade dem Wasser entstiegen war.

»Nein, nein, Sie brauchen keine Sorge zu haben«, deutete er meinen zweifelnden Blick richtig, »das ist Paula und die macht das, wenn es nach ihr geht, stundenlang so. Ich nehm' sie immer mal mit, die gehört unseren Nachbarn.«

Uff, da war ich aber erleichtert! Auf Streit mit einem Tierquäler am frühen Morgen hätte ich keine Lust gehabt. Das schien alles in Ordnung zu sein und Paula sah wirklich sehr zufrieden und fröhlich aus bei ihrer Planscherei. So hat jeder Hund sein Hobby.

Und auch Nicky hatte von nun an ein neues Hobby: Schwimmen!

Ihre Begeisterung steigerte sich fast bis zur Besessenheit, wie wir in der folgenden Zeit erleben sollten.

# Wir verreisen!

Mit dem alten Bo waren wir in den letzten Jahre nicht mehr verreist. Er war gesundheitlich nicht mehr auf der Höhe, daher wollten wir ihn nicht aus seiner gewohnten Umgebung reißen. Daheim war's ja auch ganz schön, wir genossen den Garten und die grüne Umgebung. Bo dankte es uns, indem er lange bei uns blieb und wir haben es nie als Einschränkung empfunden, nicht reisen zu können.

Nach seinem Tod, so hatten wir allerdings geplant, wollten wir „richtig" Urlaub machen, weit weg, eventuell per Flugzeug oder auch mit dem Auto. Es kam alles ganz anders – erst die Führerscheinaktion, die sich so lange hinzog und dann hatten wir ja schon unsere kleine Maus im Haus. Jetzt nach der Welpenzeit, die man mit einem Hund aus bekannten Gründen besser daheim verbringen sollte, konnten wir mit ihr als begeisterter Automitfahrerin eine erste Reise wagen.

Um zu sehen, wie sie eine Reise verkraftet, hatten wir für Ende September eine Woche im Bayerischen Wald geplant. Nicky war gut neun Monate alt und jetzt wirklich eine recht wohlerzogene Hundedame, mit der man sich überall problemlos blicken lassen konnte. Meine Brieffreundin Regina aus Straubing hatte diese Reise angeregt, war sie doch sehr gespannt, Nicky endlich kennen zu lernen. Bei ihrem Besuch im April war sie knapp eine Woche zu früh bei uns gewesen und freute sich riesig, als wir ihr erzählen konnten, dass es jetzt tatsächlich mit einem Gegenbesuch klappte. Da ihr Hund Flecki, ein Jack-Russel-Mix und ebenfalls ein Secondhand-Hund mit bewegter Geschichte, inzwischen recht alt und auch blind war, wollten wir es ihm nicht antun, die junge und ungestüme Nicky für längere Zeit im Haus ertragen zu müssen. Daher mieteten wir uns einige Kilometer entfernt in Richtung Bayerischer Wald ein Ferienhaus. Von hier aus war es nicht zu weit bis Straubing, wo wir Regina jeden Tag abholen wollten, um auf Ausflügen die wunderschöne Gegend zu erkunden. Ihr Mann Günter hatte sich extra frei genommen, er wollte daheim derweil den guten alten Flecki betreuen. Ich wusste selber aus der letzten Zeit mit Bo, wie ungern man einen Hundesenioren alleine lässt, wie wenig Freude man ansonsten an Unternehmungen hat, weil man unruhig ist. Aber mit dieser Lösung war allen gedient, und Regina hatte eine kleine Abwechslung, denn durch die intensive Betreuung war sie schon sehr ans Haus gefesselt.

Als wir das Auto beluden, war Nicky ganz aufgeregt. Was sollte das denn? Sie konnte sich keinen Reim auf unsere Aktivitäten machen und verfolgte jeden unserer Schritte mit Argusaugen. Und als wir dann noch ihre Schlafdecken nahmen und ihr damit im Auto ein gemütliches Bett machten, war sie nicht mehr zu halten. Sie hüpfte hinein, klopfte erwartungsvoll mit dem Schwanz und wartete darauf, dass es endlich losging. Sie war überzeugt, dass es ein herrlicher Spaß werden würde, den wir mit ihr vorhatten. Richtiges Reisefieber schien sie zu haben. Als wir losfuhren, ging sie gleich auf Tauchstation und war eingeschlafen. Ab und zu taucht mal ihr Kopf auf, sie blinzelte verschlafen, um dann sofort weiterzudösen. Beim ersten Stop an einem Rasthof war sie aber hellwach, damit sie nur nichts verpasste! Sie durfte sich die Beine vertreten, dazu ging es mit Sepp zum ausgewiesenen Hundeklo. Was für ein toller Service! Nachdem auch wir die Toiletten aufgesucht hatten, setzten wir die Reise fort. Wesentlich besser als erwartet brachten wir die sechs Stunden Fahrt hinter uns, Nicky war eine ideale Reisebegleitung!

In unserem Urlaubsquartier Falkenstein angekommen, schien die Sonne. Der Himmel zeigte sich, wie wir allerdings noch nicht ahnen konnten, zum letzten Mal in dieser Woche von seiner besten Seite. An der Einfahrt des Urlauberdorfs begrüßten uns zwei kleine Jack-Russelterrier. Als sie Nicky im Fond sitzen sahen, konnten sie es kaum abwarten, dass sie endlich aussteigen würde. Na, hier waren anscheinend Hunde wirklich willkommen! Was für ein Empfang! Als wir unser gemietetes Haus erreicht und den Wagen ausgeladen hatten, war einer der beiden kurzbeinigen Verehrer von Nicky schon zur Stelle, um uns zu einem kleinen Rundgang abzuholen. Er folgte uns einige Zeit durch die Anlage, hoffte wohl darauf, von Nicky beachtet zu werden, aber die hatte offenbar keine Lust auf einen Urlaubsflirt. Unser erster Urlaubstag endete ganz gemütlich, wir hatten im Haus jeden erdenklichen Komfort und fühlten uns so richtig wohl. Auch Nicky war mit der Unterkunft zufrieden, vieles schien sie an daheim zu erinnern.

Am nächsten Tag waren die Hunde nicht mehr da, sicher war es ihr letzter Urlaubstag gewesen. Wir hatten es ruhig und relativ menschenleer, eine Wohltat für uns Großstadtmenschen.

Nach dem Frühstück besuchten wir Regina und lernten endlich Flecki und Günter kennen. Es stellte sich heraus, dass die Entscheidung mit der Ferienwohnung gut gewesen war, denn Flecki war von Nicky tatsächlich überfordert und Nicky wurde er bald ein wenig langweilig, denn er konnte nicht mehr mit ihr spielen. Allerdings lernte sie von ihm etwas ganz Entscheidendes: Ein Hund *darf* auf dem Sofa liegen!

Bisher hatte sie keinerlei Anstalten gemacht, das bei uns unbenutzte Zweisitzer-Sofa zu erklimmen. Sie lag meist zufrieden in ihrem gemütlichen Körbchen oder auf dem dicken Teppich. Nun aber kam sie in Fleckis Heim und erlebte, wie der kleine Kerl da ganz gemütlich neben seinem Herrchen auf dem Sofa lag und leise vor sich hin schnurchelte.

Toll! Ein Blick von ihr zu mir. Schau mal, was der darf ! Und ich???

Da wir Fotos anschauten und keine Aktion zu erwarten war, war auch sie schläfrig geworden. Aufs Sofa traute sie sich nicht. Aber da stand Fleckis kleines Körbchen – unbenutzt! Und dort lockten weiche Kissen eine müde Maus, die sich flugs zusammenfaltete und darin Platz nahm. Sie passte ganz knapp hinein, gemütlich war es sicher nicht. Wie gut, dass Flecki das nicht sehen konnte! Auch wenn er, wie Regina lächelnd versicherte, selten darin lag. Was sich durch Nickys Benutzung änderte, wie wir später erfuhren. Vielleicht gefiel dem alten Knaben ihr Duft in den Kissen?

Wir mussten sehr über diesen großen Hund in dem winzigen Körbchen lachen! Aber damit nicht genug: sie hatte sich gemerkt, dass Flecki wohlig bei seinen Menschen lagern durfte, etwas das ihr vermutlich schwer imponiert hatte. Als wir abends in unser Feriendomizil kamen und gemütlich vor dem Fernseher den Tag ausklingen ließen, lag sie

unversehens neben mir auf dem Sofa. Ich konnte sie verstehen, auf dem gefliesten Fußboden war es recht kühl und zugig, ihr Körbchen hatten wir nicht mit und ihr weiches Nachtlager im Schlafzimmer war weit entfernt. Und so haben wir Gnade vor Recht ergehen lassen und ihre Hundeflauschdecke, die auf dem Fußboden lag und das ihr zugedachte provisorische Lager sein sollte, auf das Sofa gelegt. Hier lagerte sie ganz stolz, unsere Prinzessin auf der Erbse!

Ja, und wie das mit solchen Sachen immer so ist: ein einmal eingeräumtes Recht wird nicht kampflos preisgegeben! Da wir uns dessen bewusst waren, akzeptierten wir nach unserer Rückkehr die Inbesitznahme des bisher freien Zweisitzers. Bo lag auch gern auf dem Sofa, warum sollte Nicky es nicht genauso bequem haben? Ich denke, aus diesem Grund hat sie die Reise nach Straubing wirklich als wichtige Bildungsreise angesehen.

Doch nicht nur das, sie bildete sich auch in Zoologie! Wir besuchten mit ihr den Straubinger Tierpark, in dem sie sehr viel bestaunen konnte. An etlichen Gehegen stand sie, die Vorderpfoten auf der Brüstung, um staunend einen Blick hineinzuwerfen. Da gab es alte Haustierrassen, Bären und andere interessant riechende Wildtiere – Nicky war begeistert. Uns machte es einerseits Freude, die Tiere beobachten zu können, andererseits macht es mich immer traurig, Wildtiere, die in Freiheit über ein Revier von vielen Quadratkilometern verfügen können, eingesperrt als Anschauungsobjekt wiederzufinden. Doch die Tiere machten einen gepflegten Eindruck und die große Anzahl der alten Haustierrassen, die hier wesentlich besser untergebracht waren als heutige Nutztiere in den modernen Ställen, machten den Besuch dort recht informativ.

Bei einem anschließenden Stadtbummel konnte Nicky gleich noch einige Hundebekanntschaften schließen. Ein netter Retriever-Rüde mit dem sie flirtete, hieß tatsächlich Bo! Ich habe extra nach der Schreibweise gefragt, dieser Name ist für einen Hund doch recht selten. Aber wirklich: ein echter Bo! Das hat uns alle seltsam berührt…

Einen sehr schönen Ausflug machten wir zusammen mit Regina und Günter in den Nationalpark. Flecki wurde derweil von einer Bekannten betreut. Trotz schlechten Wetters war es eine sehr beeindruckende Wanderung, die wir entlang der oder auch durch die Gehege im urigen Wald machten. Es war feucht-kalt, alles lag in Nebel eingehüllt, der auch die Geräusche dämpfte. Eine Stimmung, die gut zur beeindruckenden Landschaft passte und allem einen geheimnisvollen Anstrich gab. Teilweise durfte Nicky nicht mit in die Gehege, dann blieben entweder Sepp oder auch Günter mit ihr draußen und liefen die speziell für Wanderer mit Hund angelegten Wege. Ansonsten durfte sie, angeleint natürlich, mit uns dort marschieren und Ausschau halten, ob sich vielleicht Wölfe oder Bären, Luchse oder auch seltene Waldvögel blicken ließen. Eine Rundfahrt im Auto durch den Bayerischen Wald schloss den ereignisreichen Tag ab. Dabei mussten Sepp und ich immer wieder feststellen, dass der Harz, den wir fast vor der Haustür haben, dieser Landschaft sehr ähnelt. Regina und Günter konnten dies kaum glauben – für sie lebten wir im platten Norddeutschland. Und so luden wir sie ein, unsere Berge beim Gegenbesuch kennen zu lernen. Der lag zwar noch in weiter Ferne, denn mit Flecki wollten sie ungern verreisen, aber irgendwann würde das schon klappen.

Viel zu schnell ging die Urlaubswoche um, wir hatten viel Spaß, und Nicky gefiel Regina und auch Günter sehr gut. Günter ließ sich von Nicky nur zu gern animieren, mit ihr Ball zu spielen. Er hatte daher sofort ihr Herz gewonnen. Und Regina war glücklich, unsere kleine Maus kennen gelernt zu haben, denn Briefe und Fotos ersetzen halt keinen persönlichen Besuch.

# Jetzt wird's ernst!

Bereits während des Urlaubs im Bayerischen Wald hatten wir be merkt, dass Nicky unruhiger war. Abends trug sie ihr mitgenommenes Spielzeug von einem Platz zum anderen, nachts wanderte sie unruhig hin und her. Wir schoben dies auf die vielen neuen Eindrükke, die sie verarbeiten musste, auf die ungewohnte Umgebung. Allerdings war mir aufgefallen, dass ihre Zitzen dick geschwollen waren und sich am untersten Paar regelrechte kleine „Brüste" gebildet hatten. War sie vielleicht scheinträchtig? Ich hatte schon viel davon gelesen und gehört, da wir jedoch bisher keine Erfahrungen mit einer Hündin hatten, fand ich es sinnvoll, deswegen unsere Tierärztin zu befragen. Wir sollten uns sowieso wegen des Kastrationstermins bei ihr melden.

»Sehen Sie mal, wenn ich hier ein wenig drücke, sondert sie sogar Milch ab« konnte uns die Tierärztin nach der Untersuchung zeigen. Ja, Nicky hatte eine deutlich ausgeprägte Scheinträchtigkeit. Die ist eigentlich keine Krankheit, jede Hündin wird nach der Läufigkeit, egal ob gedeckt oder nicht, scheinträchtig. Nur die Ausprägung ist von Fall zu Fall verschieden. Von der Natur ist dies eine recht sinnvolle Einrichtung, denn durch eine Scheinträchtigkeit können auch andere Hündinnen eines Rudels Welpen mit versorgen. Bei unseren Haushunden allerdings wird es zum Problem, da keine fremden Welpen zum Versorgen da sind. Und so adoptieren Hündinnen in dieser Zeit Spielzeug etc. und hüten es so hingebungsvoll wie eine Mutter ihre Welpen. Sie können dabei recht launisch werden und sich richtig in diese Mutterstimmung hineinsteigern, das ist für die ganze Familie belastend. Für die Hündin hat die Produktion von Milch zur Folge, dass sich unter Umständen das Gesäuge entzündet und schmerzt. So weit war es bei Nicky zwar noch nicht gekommen, aber mit einem homöopathischen Mittel sollte die Milchbildung verringert und damit die Symptome zum Abklingen gebracht werden. Solange sie scheinträchtig war, konnte man sie auch nicht operieren. Also noch ein kleiner Aufschub!

Ich trug immer noch schwer an der Entscheidung, machte mir Gedanken über die Auswirkungen auf Nickys Seelenleben und Verhalten, sah tausend Probleme und hatte einfach auch Angst, dass ihr die

Operation schaden konnte. Seltsam, wie schnell man von einer sach-
lich-theoretisch fundierten Einstellung zu einer immer mehr irratio-
nal gefühlsmäßig beeinflussten Auffassung kommen konnte, weil man
inzwischen die Hündin so liebgewonnen hatte. Ich fand diese Entscheidung nicht wesentlich leichter als die, die wir für Bo ganz am
Ende haben fällen müssen. Sie war endgültig! Nicht mehr zu ändern
und dann mit allen Konsequenzen zu ertragen. Allerdings gab die
Ausprägung der ersten Scheinträchtigkeit einen Hinweis darauf, dass
Nicky wohl in dieser Hinsicht immer stärker als der Durchschnitt darunter zu leiden hätte und jede Scheinträchtigkeit erhöht wiederum die
Gefahr von hormonell bedingten Krankheiten bei einer Hündin. Vielleicht sollte es so sein, dass wir dies bei ihr miterlebten, damit uns die
endgültige Entscheidung leichter fiel? Jedenfalls wurde nun der
Operationstermin auf Anfang November festgelegt.

Vorher hatte auch Lisa ihren OP-Termin. Ihr Frauchen erzählte, als
ich sie nach der Operation anrief, um mich nach Lisa zu erkundigen,
dass es ihr nach der Narkose nicht so gut gegangen und ihr übel gewesen war. Es dauerte lange, bis sie wieder halbwegs fit war. Zudem
schien sie das Nahtmaterial für die Wunde nicht allzu gut vertragen
zu haben. Arme Lisa! Als nach zehn Tagen die Fäden gezogen waren,
besuchten wir sie, damit beide Schwestern sich mal wieder sahen. Die
Hundeschule fiel für Lisa in der Zeit der Rekonvaleszenz aus und der
Verzicht aufs Toben fiel ihr schwer. Nun aber konnte sie langsam zum
normalen Alltag zurückkehren und freute sich riesig, Nicky und uns
zu sehen. Als wir ihre Wunde sahen, erschraken wir. Der gesamte
Unterleib bis hin zum Rippenbogen war rasiert, die Wunde feuerrot
und über 20 cm lang. Oh weh – das sah aber ganz und gar nicht gut
aus! Sie schien keine Schmerzen zu haben, denn man musste sie bald
bremsen, sonst wäre sie mit Nicky wie in alten Zeiten herumgeflitzt.
Daheim trug sie noch ein altes Unterhemd – verkehrt herum, Schwanz
durch den Halsausschnitt, Beine durch die Armlöcher, damit sie nicht
an der nässenden Wunde lecken konnte.

Fast begann ich, durch diesen erschreckenden Eindruck wieder an
unserem Entschluss zu zweifeln. War das wirklich richtig, den kleinen
Hundemädchen so etwas anzutun? War es wirklich zu ihrem Besten –
oder wollten wir es uns nicht doch nur einfach machen? Die lästige
Zeit der Läufigkeit einfach wegoperieren lassen und einen seelisch
ausgeglichenen, nicht durch Hormonschwankungen manchmal unbe-

rechenbaren Hund bekommen? Welchen Preis musste der Hund dafür bezahlen? Was bekam er als Lohn für den Verzicht auf Nachwuchs? Letztendlich aber hatten wir bisher noch keine kastrierte Hündin erlebt, die echten Schaden genommen hatte, alle uns bekannten Hundedamen waren quietschvergnügt und hatten auch die Operation schnell vergessen.

So vertrauten wir dann doch unserer Tierärztin und ihrem Können und brachten Nicky am vereinbarten Termin Mitte November zur OP. Wohl war uns nicht – immerhin war es eine Bauchoperation mit einer Vollnarkose und den bekannten Risiken, wie uns die Tierärztin nochmals erklärt hatte. Von Lisas Problemen hatten wir ihr berichtet und so erhielt Nicky eine weniger belastende (aber dafür kostspieligere) Inhalationsnarkose und Nahtmaterial, das sehr gut verträglich ist. Und da sie einmal in Narkose lag, sollte auch gleich die Hüfte geröntgt werden, um festzustellen, ob diese sich optimal entwickelt hatte.

Schon nach drei Stunden konnten wir unsere Maus wieder abholen, sie war zwar noch etwas müde und benommen, begrüßte uns aber schon mit einem leichten Schwanzwedeln, als wir zu ihr kamen. Sie lief sogar selbstständig aus der Praxis heraus, ganz vorsichtig und wackelig auf den Beinen. Wir hoben sie ins Auto, sie rollte sich zusammen und ab ging's nach Hause. Dort legte sie sich ins Körbchen, um zu schlafen. Nach einigen Stunden stand sie noch etwas schwach auf, um im Garten Pipi zu machen, das tat ihr zwar weh, wie man am aufgezogenen Rücken erkennen konnte, aber es klappte. Den restlichen Tag verschlief sie, doch schon am nächsten Tag musste ich verhindern, dass sie aufs Sofa hüpfte. Das wäre für die Wunde bestimmt ungünstig gewesen! Bald schon ging es ihr wieder gut, sie bewegte sich zwar vorsichtiger, hatte aber ihre gute Laune wiedergefunden und kam mit ihren Bällchen an und wollte spielen. Das war eigentlich das Schwierigste an der ganzen Zeit: sie zu bremsen! Die Wunde ließ sie unangetastet, lecken wollte sie nicht und außerdem hatten wir ihr auch ein kleines Kinderunterhemd in bewährter Manie angezogen und mit Kinderhosenträgern befestigt. Sie sah schon komisch aus in dieser Montur, auf der Straße schauten die Leute und hielten uns wohl für etwas durchgeknallt, unseren Hund so zu kostümieren. Ich hatte mich bewusst dafür entschieden, ihr draußen das Hemdchen anzulassen, denn erstens war es inzwischen recht kühl und sie hatte einen blanken Bauch, und zweites konnten andere Hundehalter schon von weitem sehen, dass hier ein frisch operierter Hund kam und ihren Hund rechtzeitig anleinen, bevor dieser auf Nicky zurannte um mit ihr zu spielen. Das war einfach noch nicht erlaubt, auch wenn Nicky nur zu gern auf alle Spielaufforderungen eingegangen wäre. Nach zehn Tagen war die schwere Zeit endlich vorüber, die Fäden wurden gezogen und sie konnte wieder unangeleint laufen und auch spielen. Die Wunde war sehr gut verheilt, nur eine zartrosa Linie von ca. 14 cm zierte den Bauch, auf dem die Haare wieder zu sprießen begannen.

Geschafft! Da auch die HD-Röntgenaufnahme nur eine ganz geringfügige HD rechts aufwies, durfte sie nach Herzenslust toben, rennen und springen!

Nun hofften wir nur noch, dass auch in der folgenden Zeit keinerlei Probleme auftauchen würden. Und wenn, dann mussten wir damit leben. Und ganz besonders Nicky!

# Nussknacker

Es dauerte nicht lange und Nicky war wieder ganz die Alte, flitzte herum und hatte alle Pfoten voll zu tun, all ihre Freundinnen und Freunde zu bespielen. Noch immer war ihr die Freundschaft mit Hunden wesentlich wichtiger als wir Menschen ihr waren. Kam ihr ein Mensch-Hund Gespann entgegen, so lief sie auf den Hund zu, begrüßte ihn angemessen und erst dann ließ sie sich von den dazugehörigen Menschen ansprechen und auch mal streicheln. Aber das war ihr schon nicht mehr wichtig, ehe man sich versah, war sie mit dem Hund ins Spiel vertieft. Andere Hunde verhielten sich deutlich anders, begrüßten überschwänglich erst die Menschen, ließen sich hingebungsvoll streicheln und nahmen erst dann Notiz von anderen Hunden. Allerdings erwarteten diese Hunde im Gegenzug für ihre Freundlichkeit ein Leckerlie, welches sich gewöhnlich in den Jackentaschen der „Hundeleute" befindet. Daher schielten sie schon bei der ganzen Begrüßungsprozedur auf die verführerisch duftenden Taschen, in der Hoffnung, auch etwas erbetteln zu können.

Nicky hatte ich von Anfang an klar gemacht, dass es nur von mir ein Leckerlie gab und auch nur, wenn es etwas zu belohnen gab. Daher untersagte ich allen anderen Hundehaltern, ihr etwas zuzustecken, denn das hätte die ganze Erziehung in diesem Punkt hinfällig gemacht. Nicht jeder konnte verstehen, dass dies für den Hund nur positiv ist und Probleme vermeidet, viele wollten sich durch das Verteilen bei den Hunden beliebt machen und freuten sich, wenn sie von „Straßenräubern" umringt waren. Meine Einstellung wurde aber größtenteils akzeptiert und Nicky machte wenig Anstalten, betteln zu gehen.

Auch uns gegenüber war sie zwar freundlich und lieb, aber sie hatte wenig Ausdauer, wenn man sie streicheln wollte. Körperkontakt mit Menschen war ihr anscheinend nicht so angenehm. Bo hatte es sehr genossen, wenn man ihm den Rücken massierte, ließ sich mit Wonne in und an den Ohren kraulen und fand viel Gefallen daran, mal von anderen Menschen gestreichelt zu werden, obwohl auch er kein ausgesprochener „Schmuser" war. Er hatte in seinem Leben die Menschen von der treulosesten Seite kennen gelernt, daher freute ich mich, dass er trotzdem noch Vertrauen hatte. Nicky hatte, soweit ich es beurteilen konnte, mit Menschen keinerlei schlechte Erfahrungen gemacht. Aber offenbar liebte sie es nicht, angefasst zu werden.

Viel lieber tollte sie herum, alberte mit Mensch und Hund und verteilte großzügig feuchte Hundeküsschen. Bückte man sich, um die Schuhe vor der Gassirunde anzuziehen, konnte man sicher sein, anschließend noch einmal ins Bad zu müssen um das Gesicht zu waschen.

Make-up: Fehlanzeige! Das würde eh nur verschmiert.

Brille: meist verbogen, dreckig und ständig musste ich mir mit Brillenputztüchern wieder eine freie Sicht verschaffen.

Helle Kleidung: ungeeignet, da Nicky immer eine Gelegenheit fand, sich zu verewigen. In dieser Hinsicht war sie die Liebe in Person. Sie überschüttete uns, sobald wir uns zu ihr auf den Fußboden setzten, mit ihrer Liebe. Aber selber liebkost werden wollte sie ungern. Ganz selten mal, wenn sie müde und ausgetobt war, konnte es passieren, dass sie still hielt, sich sogar ein wenig dabei entspannte, wenn man sie vorsichtig kraulte. Ihr Fell war recht dünn mit wenig Unterwolle, ähnlich in Art und Struktur den schon öfter als Ahnen herangezogenen Wolfshunden. Vielleicht war sie mit diesem Seidenhemdchen empfindlicher als Bo es in seinem dicken Norwegerplüsch gewesen ist? Bo zu kraulen war eine Freude, er hatte ein ganz weiches Huskyfell. Nicky hingegen war von so wenig Fell eingehüllt, dass ich vor dem kommenden Winter Sorge hatte, es würde sie nicht warm genug halten. Ein Hund aus dem Süden im kalten Deutschlandwinter? Aber ich sah sie niemals frieren, sie planschte sogar bei wenigen Graden über Null noch im Wasser herum. Schließlich fand ich mich damit ab, dass Nicky nicht gekrault werden wollte, es war ihre ganz persönliche Art und Weise. Lisa war ihr in dieser Hinsicht recht ähnlich, wie ich zu meiner Erleichterung erfuhr. Insgeheim war ich doch in Sorge gewesen, bei ihrer Erziehung etwas falsch gemacht zu haben.

Lisa und Nicky liebten sich immer noch sehr und es war für beide ein Fest, sich zu sehen und miteinander zu toben. Daher machten wir den beiden die Freude, dass sie sich kurz nach ihrem ersten Geburtstag am 1. Dezember mit ihrer Schwester Mandy, die seit einigen Wochen nicht mehr zur Hundeschule kam, auf der großen Hundewiese treffen konnten. Die drei freuten sich sehr und tobten ausgelassen herum. Ein großes aufgegrabenes Loch in der Wiese in Form einer Badewanne wurde von ihnen besetzt und gegen andere Hunde verteidigt, es wurden große Runden gerannt und trotz einsetzenden strömenden Regens waren sie überglücklich. Allerdings war zu spüren, dass drei Hunde beim Spielen ebensolche Schwierigkeiten haben wie drei kleine Kinder. Einer war immer fünftes Rad am Wagen und zwischen Nicky und Mandy herrschte eine kaum spürbare unterschwellige Eifersucht. Daher war es zwar traurig, dass Mandy mit ihrem Frauchen nicht mehr mit zu uns zum „Geburtstagskaffee" kommen konnte, andererseits vermieden wir auf diese Weise, dass sich die leichten Unstimmigkeiten auswachsen konnten. Gemeinsam fuhren wir in „Lisas Auto" zu uns, dort gab es für uns durchgefrorene Menschen heißen Tee und für die beiden Hundemädchen etwas Feines zu knabbern. Dann entdeckte Lisa auf dem Couchtisch eine Schale mit Walnüssen und stand fordernd davor.

»Was will Lisa denn mit einer Walnuss?« fragte ich.

»Ach, die knackt sie und frisst dann den Kern fein säuberlich heraus. Das hat sie sich selber beigebracht, wir haben ja gestaunt.«

Das wollte ich mit eigenen Augen sehen. Also bekam Lisa ihre Nuss und schon machte sie sich daran, diese auch zu knacken. Dabei wurde sie von Nicky genau beobachtet. Ehe ich michs versah, hatte Lisa die Nuss mit den Backenzähnen geknackt und pulte nun vorsichtig mit den Schneidezähnen und der Zunge den Kern heraus. Nicky lag ganz fasziniert vor ihr und sah zu. Mit einer Nuss hatte sie bisher wenig anzufangen gewusst, hatte vor kurzem ein klein wenig mit einer vor dem Haus gefundenen und mit hereingebrachten Nuss gespielt und das seltsame Ding dann in der Ecke liegen lassen. Wenn sie geahnt hätte, dass man so tolle Sachen damit machen kann! Aber wofür hat man denn eine Schwester? Die war derweil fertig mit dem Imbiss und fragte vorsichtig nach, ob es eventuell noch eine geben würde. Natürlich bekam sie eine weitere Nuss, ich wollte auch zu gern noch einmal sehen, wie sie es anstellte, die Nuss so säuberlich von der Schale zu trennen. Die Schale zu verschlucken wäre nicht gesund gewesen, daher war ich selber noch nie auf die Idee gekommen, Nicky zum Nüsse knacken zu animieren. Auch Nicky verlangte jetzt nach einer Nuss und unter Anleitung ihrer Schwester erlernte sie diese hohe Kunst.

Nachdem die Hunde zufrieden und satt waren, gingen sie zum gemütlichen Teil über und schmusten miteinander. Es sah fast so aus, als ob Nicky Lisas Zähne putzen würde, so sehr arbeitete sie mit ihrer Zunge an und in Lisas Maul herum. Vielleicht lockten dort noch Nussreste?

In der folgenden Weichnachtszeit war Nicky jeden Tag beim Nüsse knacken. Und ihr Fell wurde, so bildete ich mir zumindest ein, viel glänzender und schöner durch die vielen Vitamine und das Öl aus den Nüssen. Da sie seit der Kastration noch kein Gramm zugenommen hatte, gab es keinen Grund, ihr die Delikatesse zu verweigern. Allein die verstreuten Nussschalen auf dem Teppich hätte ich mir gern erspart...

# Der Unfall

Es war ein besonders unangenehm feucht-kalter, schmuddelig grauer Dezembertag, kurz vor Sylvester. Ich hatte so gar keine Lust, draußen zu sein, lieber wäre ich gemütlich in meinem Sessel sitzen geblieben und hätte gelesen. Das hätte uns allen auch viel Ärger erspart, aber Nicky ließ sich nicht davon abhalten, mit Sepp und mir eine lange Gassirunde zu machen. Sie langweile sich schon den ganzen Tag und hoffte auf ein wenig Abwechslung. Nach kurzem Kampf gegen den inneren Schweinehund gaben wir nach, zogen uns warm an und marschierten los. Wir wählten den Weg in Richtung Südsee, der an solchen Tagen fast menschenleer ist. Bei schönem Wetter trifft sich halb Braunschweig an diesem beliebten Ausflugsziel, während wir dann lieber in den umliegenden Wäldern oder Feldern herumstreifen, um unsere Ruhe zu haben.

Der Weg entlang der Oker verläuft in einem leichten Bogen, und mitten in dieser Kurve trafen wir eine Bekannte mit ihrem jungen Schäferhundrüden Dasty. Nicky kannte ihn aus der Hundeschule und fing sofort, begeistert einen ebenso flitzigen Spielkameraden gefunden zu haben, ein Spielchen an. Sie liefen in die Uferzone, um zu planschen und alberten herum, wie es halt junge Hunde so tun. Wir Menschen kamen ins Gespräch, behielten dabei aber die Wirbelwinde fest im Auge. Junge Hunde sind immer zu Späßen aufgelegt und man kann sich nicht darauf verlassen, dass sie umsichtig reagieren! Kurze Zeit später gesellte sich noch eine junge Frau mit ihrem alten Schäferhund Sando zu uns, der dem Treiben brav neben den Füßen seines Frauchens sitzend zusah. Zum Mitspielen hatte der alte Hundeherr keine Lust mehr. Außer den unermüdlichen Hundehaltern hatten wir noch keine anderen Spaziergänger getroffen, die saßen alle lieber behaglich hinter dem Ofen und mümmelten Weihnachtskekse. Wie beneidete ich sie, die Kälte zog mir langsam die Beine hoch und ich konnte gar nicht verstehen, dass die Hunde auch noch im Wasser herumplanschen mussten. Beim Spielen hatten sie so viel Wärme entwickelt, dass sie die Nässe und Kälte offenbar nicht spürten.

Dastys Frauchen rief plötzlich: »Vorsicht, Radfahrer!«

Wir hatten sie nicht herankommen sehen! Sie hatte als einzige in die Richtung, aus der die Radfahrer kamen, geblickt. Die Radfahrer, ein älteres Ehepaar, brausten ohne auch nur das Tempo zu drosseln und ohne zu klingeln heran, anscheinend der festen Meinung, jeder müsse ihnen Platz machen. Der Weg war ein kombinierter Rad- und Fußweg, auf dem man gegenseitige Rücksichtnahme zu praktizieren hat! Das schienen sie nicht registriert zu haben.

Wir sprangen so schnell wir konnten vom Weg und versuchten, die Hunde heranzurufen. Sepp trat in die Uferzone, ich auf die gegenüberliegende Seite des Weges, da ich dieser näher stand. Auch Dasty, sein Frauchen und Sando mit Begleitung standen sofort am Rande des Weges. Nicky befand sich noch immer am Ufer. Als der Mann auf dem Rad an mir vorbeifuhr, geschah es: Nicky lief quer über den Weg, sie wollte anscheinend zu mir! In diesem Augenblick versuchte der Mann zu bremsen und stürzte zu Boden. Was in Bruchteilen einer Sekunde passierte, kam mir vor wie in Zeitlupe. Nicky schrie auf und lief zu mir, sie zitterte vor Schreck und auch vor Schmerz, denn das Rad hatte sie noch voll erwischt. Kaum anderthalb Monate war die Kastration erst her, hoffentlich war ihr nicht mehr passiert als dieser gehörige Schrecken? Im nächsten Moment hatte ich Nicky vergessen, denn der Mann blieb regungslos am Boden liegen. Dann fing er an zu schreien:

»Scheiß-Köter überall, die Mistviecher gehören alle an die Leine! Ich bin schwer verletzt, alles kaputt! Schmerzensgeld – Schadenersatz!«

Zu seiner Frau: »Lass dir die Versicherung geben, das kommt alles auf die Rechnung!«

Ich war erschüttert. Konnte der Mann so schwer verletzt sein, wie er vorgab? Er war doch eher langsam vom Rad gerutscht. Er weigerte sich beharrlich aufzustehen, meinte, er könne weder stehen noch sitzen. Erst nach einer Weile kam heraus, dass er dies auch schon vor seinem Sturz nicht gekonnt hatte, da ihn ein schweres Rückenleiden plagte. Die einzige ihm mögliche Bewegung konnte er sich per Rad verschaffen.

»Diese Scheiß-Köter überall. Unsereiner hat ja keinerlei Daseinsberechtigung hierzulande, aber die Tölen dürfen überall rumrennen und Leute verletzen« tönte er.

Mit vereinten Kräften versuchten wir, ihn zum Aufstehen zu überreden. Ich befürchtete, er könne sich dort auf dem kalten, matschigen Boden eine schwere Erkältung holen. Er wiederum vermutete, seine Bypässe, die er vor einiger Zeit erhalten hatte, könnten durch den

Sturz Schaden genommen haben, und wollte sich daher nicht bewegen.

Zum Glück kam nach einer Weile eine Gruppe Spaziergänger an der Unglücksstelle vorbei. Sie hatten ein Handy dabei und riefen die gewünschte Ambulanz, dadurch beruhigte sich das Ehepaar ein klein wenig. Die Frau hatte gemeinsam mit ihrem Mann inzwischen ebenso über uns und die „Scheiß-Köter" gewettert. Er setzte sich, da die Rettung ja nahte und er es riskieren konnte, auf die relativ wasserfeste Jacke von Sandos Frauchen, der ich im Gegenzug meine Jacke gab. Sie hatte kurz vorher vergeblich versucht, in den naheliegenden Häusern zu telefonieren und kam noch sehr erhitzt und außer Atem bei uns an. War mir vorher schon kalt, so fror ich nun erst recht! Aber das war mir egal, denn wichtiger war mir natürlich, dass der alte Mann keinen weiteren Schaden erlitt.

Der hatte, wie man nun sehen konnte, eine kleine Schürfwunde an der Stirn, die Nase war etwas lädiert. Sein Bein täte ihm weh und überhaupt sei er ja schwer verletzt, erzählte er immer wieder.

Nach einigen Minuten, die sich hinzogen wie Stunden, kam endlich die Ambulanz. Er wurde kurz von den Sanitätern untersucht.

»Na, da haben sie aber Glück im Unglück gehabt. Sieht ja gar nicht so schlimm aus. Aber besser ist natürlich, alles genau zu untersuchen.«

Da gab unser Unfallopfer ihnen sofort recht und wiederholte seine Beschuldigungen. Immerhin sei er ja ohne Schuld zu Fall gebracht worden und nun sei alles an ihm kaputt! In Begleitung seiner Frau wurde er zur Untersuchung in die Klinik gebracht. Um die Räder wollten wir uns kümmern und sie den beiden nach Hause bringen.

Vollkommen erschüttert gingen wir heim, begleitet von den anderen Hunden und ihren Frauchen. Was uns alle am stärksten verwunderte, war das Theater (anders konnten wir es nicht nennen), das der Mann veranstaltet hatte. Wenn man so schwer verletzt ist, schreit man doch nicht als erstes nach Schadenersatz und Schmerzensgeld. Und wenn man Invalide ist, wäre es sicherlich angebracht, auf matschigen Wegen nicht so zu rasen und einfach in eine Gruppe hineinzufahren, ohne zu klingeln! Wenn es nun kleine, spielende Kinder statt Hunde gewesen wären? Ob er dann auch so gezetert hätte? Wenn, wenn, wenn – alles Lamentieren änderte jedoch nichts an der Tatsache, dass es zu diesem Vorfall gekommen war, der das Jahr 1999 so unschön ausklingen ließ.

Nicky zitterte wie Espenlaub, sie war vom Spielen am Ufer nass und durch das Herumstehen nach dem Unfall vollkommen ausgekühlt. Daheim rubbelte ich sie sofort ganz intensiv trocken und hoffte, dass sie nicht auch noch eine Erkältung davontragen würde. Rein äußerlich war alles in Ordnung, aber zweifelsohne hatte auch sie Prellungen abbekommen. Dagegen gab ich ihr das homöopathische Standardmittelchen „Traumeel", welches ich für solche Verletzungen immer im Haus habe. Derweil hatte Sepp die Räder genauer inspiziert und auf Schäden untersucht, die vom Unfall herrühren könnten, und sie zur Dokumentation im Beisein eines Zeugen fotografiert. Das Rad des Mannes war eine uralte Klapperkiste und die Bremsen funktionierten nicht richtig! Wie konnte er damit noch fahren? Ein Wunder, dass nicht noch viel mehr passiert war!

Abends brachte Sepp dem Ehepaar die nötigen Angaben unserer Hundehaftpflich-Versicherung, dabei erkundigte er sich auch gleich nach den im Krankenhaus festgestellten Verletzungen. Der Mann war auf eigene Veranlassung bereits wieder entlassen worden, eine Gehirnerschütterung konnte nicht festgestellt werden. Er hätte noch zur Beobachtung über Nacht im Krankenhaus bleiben können, aber das wollte er dann doch lieber nicht. Die Prellungen und Schürfwunden an Nase und Stirn waren oberflächlich, ebenso das leicht lädierte Knie. Seine Kleidung war nur verschmutzt und nicht kaputt. Wie gut für ihn, dass keine schwereren Verletzungen vorlagen! Aber schon fing er wieder an, sich zu beklagen und Sepp zu beschimpfen:
»Na, jetzt werden Sie und ihre Freunde bestimmt versuchen zu verhindern, dass ich von der Versicherung das mir zustehende Schmerzensgeld und meinen Schaden ersetzt bekomme! Das kenn ich schon, alles schon mal erlebt!«
Sepp war sprachlos, welchen Nutzen hätten wir davon, wenn er seinen Schaden nicht ersetzt bekäme? Wozu hatten wir denn gerade für solche Fälle eine Versicherung?
Als er wieder daheim war, setzte er das Schreiben für die Versicherung auf, bemühte sich um eine strikt sachliche Schilderung des Vorfalls und legte noch einen Lageplan bei, auf dem erkennbar war, dass es den Radfahrern schon ziemlich früh möglich gewesen sein mußte, die spielenden Hunde am Ufer und evtl. auch den einen oder andern Menschen zu sehen.

Was für ein Jahresausklang! Noch lange waren wir aufgewühlt und betroffen über diesen unglückseligen Vorfall. Wir hatten uns um den Mann und seine Frau umfassend gekümmert und waren nur beschimpft worden. Nicht einmal haben sie gefragt, ob der Hund verletzt worden ist. Immerhin wäre das ja möglich gewesen! Selbst wenn ich dem Paar den großen Schrecken über den Sturz zugute halte, hätten sie sich nicht dermaßen beleidigend verhalten müssen! Wäre Nicky angeleint gewesen, wäre der Sturz um einiges schwerer ausgefallen, denn mit dem Band ihrer Flex-Leine hätte es große Verwicklungen gegeben…

Nicky hatte sich die Blase erkältet, das heilte jedoch recht schnell wieder. Die Versicherung befragte zur Klärung die beiden anderen Hundehalterinnen als Zeugen und nach einiger Zeit bekamen wir dann die Nachricht, dass der Schadensfall folgendermaßen geregelt würde:
Da der Radfahrer ohne Rücksicht auf Passanten mit überhöhter Geschwindigkeit (er selber hatte gegenüber den Sanitätern von 15 km/h gesprochen) ohne zu klingeln in eine Gruppe hineingefahren ist, bräuchte sie normalerweise gar nicht zu zahlen. In diesem Fall könne er aber aus Kulanzgründen 50% des ihm entstandenen Schadens geltend machen, hierzu müsse er allerdings von seinem Arzt die nötigen Unterlagen einreichen. Das fand ich fair von der Versicherung, war aber gespannt, ob der Mann sich damit zufrieden geben oder noch Klage erheben wollte. Immerhin hatten sich doch seine Befürchtungen, dass er auf seinem Schaden sitzen bliebe, zur Hälfte erfüllt! Aber es kam nichts mehr nach und zurück bleibt nur ein unangenehmes Gefühl, wenn ich unbekannte Radfahrer auf uns zubrausen sehe.

# Toben bis zum Umfallen

Mit Beginn des neuen Jahres hatte ich endlich wieder mehr Aufträge, gerade zum rechten Zeitpunkt, denn inzwischen war Nicky schon annähernd erwachsen und musste nicht mehr den ganzen Tag beaufsichtig werden. Verschwand ich im Arbeitszimmer, folgte sie zuweilen, legte sich dort auf den Teppich, um dann aber bald wieder im Wohnzimmer zu verschwinden, wo sie es sich so richtig gemütlich machte. Vielleicht störte sie das Gebrumm vom Computer, vielleicht war es auch einfach viel zu langweilig bei mir? Machte ich eine kurze Pause und kam die Treppe herunter, wurde ich mit einem Bombardement von Bällchen empfangen, die sie mir in der Hoffnung auf eine kleine Spielrunde entgegentrullern ließ. Vom vielen Sitzen ganz steif ging ich nur zu gern auf diese kleine Gymnastikeinlage ein, allerdings reichte ihr eine kurze Runde selten. Ich vertröstete sie daher auf die große Mittagsrunde, auf die sie mit Hingabe wartete.

Während einer dieser Runden entlang der Oker lernte Nicky ihre Freundin Alexa kennen. Sie war eine Airedalehündin wie Toska, die Freundin aus der Hundeschule. Wir trafen sie mit ihrem Frauchen immer zur gleichen Zeit auf der Mittagsrunde und beide Hundemädchen spielten ganz wunderbar miteinander. Auch das Frauchen war mir sympathisch. Die „Mädels" rannten um die Wette und kugelten umeinander. Alexa war ein paar Monate älter als Nicky und ihr gegenüber etwas dominanter. Gleich von Anfang an war die Rangfolge dadurch klargestellt, die von beiden in der folgenden Zeit nicht neu ausgehandelt wurde. Die beiden hatten mittags sehr viel Spaß und manches Mal lästerten wir Frauen darüber, dass die beiden wohl ein Handy im Körbchen versteckt haben, denn sie trafen sich auch an Tagen, an denen die eine oder andere zu einer etwas anderen Zeit gehen musste Auch das Frauchen von Alexa war selbstständig und musste sich mit den Hunderunden nach ihren Terminen richten. Dann bummelte die eine Hündin halt so lange herum, bis sie die Freundin sah oder im anderen Fall quengelte die andere zu ungewöhnlicher Zeit zum Spaziergang. Schon seltsam...

Zu ihnen gesellte sich ab und zu auch die Mischlingshündin Bonny, etwas jünger als Nicky, ebenfalls aus Lanzarote und in der Hundeschule eine „Klasse" unter Nicky und ihren Freundinnen. Vom Wesen her ebenso freundlich wie Nicky, ebenso unterwürfig und sehr auf gute Hundeetikette bedacht. Nicky und Bonny waren wie verwandte Seelen. Die blonde Bonny, die vielleicht einen Retriever und einen Schäferhund unter ihren Vorfahren hatte, war die jüngste im Dreierbund und so erwies sie auch Nicky ihre Ehrbezeugung mit Herankriechen und das Maul lecken – etwas, das Nicky bis dahin noch nicht erlebt hatte. Es tat ihr sichtlich gut, mal nicht nur immer der „Underdog" zu sein, nutzte diesen neuen Rang aber nicht über Gebühr aus und ließ auch Bonny beim Rangeln mal gewinnen. Auch mit Alexa war es so, dass immer reihum gewonnen und jeder auch mal mit einem symbolischen Kehlbiss bezwungen wurde, ohne dass auch nur ein böses Wort (ernst zu nehmendes Knurren) fiel.

Kamen Rüden dazu, waren die natürlich an der unkastrierten Alexa mehr interessiert, Nicky wie auch Bonny waren durch die Kastration nicht mehr so „dufte". Dies fand Nicky weniger störend als Alexa, die sich gegen die teilweise sehr aufdringlichen Belagerer, besonders in der Zeit nach ihrer ersten Läufigkeit, kaum wehren konnte. Die jungen und auch älteren Rüden schienen allerdings Nicky durchaus als Hündin zu akzeptieren, mit der sie prima toben konnten.

So verging der relativ milde Winter. Die Hunde hatten mittags ihre Bewegung und Kontakt zu Artgenossen, so dass ich nach den ausgiebigen Toberunden mit einem vollkommen glücklichen, körperlich ausgepowerten und hungrigen Hund heimkehrte. Bis zum späten Nachmittag, wenn Sepp nach Hause kam, brauchte ich mich nicht weiter um Nicky kümmern. Sie legte sich nach ihrer Mittagsmalzeit hin und hielt einen kleinen Mittagsschlaf.

Wie gerne hätte ich es ihr gleichgetan, aber da waren immer eilige Aufträge, die Vorrang hatten. Ja, es gab Tage, da wünschte ich mir wirklich, ich wär' mein Hund, denn so ein Hund hat ja nicht die ganze Arbeit, die sich mir durch unsere Flitzemaus auftat. Durch die ausgiebigen Rangeleien auf den feuchten und auch teilweise schlammigen Weiden und der Uferzone der Oker war sie eigentlich immer dreckig. Mit dreckigen Pfoten wurde ich häufig von den spielenden Hunden freudig begrüßt, so dass ich keine hundegeeignete Jacke mehr hatte, die noch richtig sauber war. Der Dreck wiedersetzte sich teilweise sogar der Waschmaschine. Im letzen Winter mit Bo hatte ich mir eine dicke und warme Sympatex-Jacke gekauft, um nicht so frieren zu müssen, wenn ich mit ihm durch die Gegend schlich. Ich hatte nicht bedacht, dass Hellgrau nicht die richtige Farbe war. Schlammbraun wäre gut gewesen, Khaki, Matsch und Schmoddergrau hätte sicher auch gut zu den Pfotenabdrücken gepasst. Nun gut, die schöne warme Jacke wurde nach der Reinigung, die leider nicht alle Spuren entfernen konnte, zur Seite gehängt und ich versuchte mein Glück mit billigen Kunststoffjacken, bei denen es nicht wichtig war, wie sie nach einiger Zeit aussahen. Allerdings sehnte ich mich, wenn ich so eingedreckt auf dem Weg nach Hause war, durchaus nach einem Outfit „wie aus dem Ei gepellt…"! Übrigens hatte sich Nickys Begrüßungsspringerei inzwischen erheblich reduziert, nur im Überschwang der Gefühle und kurz bevor ich sie anleinen wollte, musste ich aufpassen. Besuch daheim ließ sie mittlerweile unbehelligt, sie hatte erkannt, dass Mensch und Hund anscheinend unterschiedliche Begrüßungsrituale haben.

Kamen wir nach Hause, versuchte ich zwar, mit einem dieser praktischen Mikrofaser-Tücher den gröbsten Dreck aus ihrem Fell zu entfernen, aber erst wenn es vollständig getrocknet war, fiel auch der restliche Schmutz fein pulverisiert heraus. Das hatte zur Folge, dass ich häufig mit Besen oder Staubsauger hantieren musste, um die sich überall ablagernde Sandschicht zu entfernen. Dazu kamen noch etliche grau-schwarze Haarflusen in allen Ecken, denn Nicky haarte trotz geringerer Fellmasse nicht weniger als Bo. Da Bo es liebte gebürstet zu werden, konnte ich damals die Haare in der Wohnung gering halten. Nicky verkroch sich, sobald sie auch nur das Wort „Bürste" oder „hübsch machen" hörte, sofort unter den Couchtisch.

Mischlinge sind auch im Hinblick auf die Pflege nicht ganz einfach zu handhaben. Einen Rassehund bekommt man inklusive Pflegeanleitung: der Züchter sagt oder zeigt sogar, wie und in welcher Form der Hund getrimmt, geschoren oder auch nur gebürstet werden muss, um typgerecht durchs Leben zu gehen. Ein Mischling lässt seinem Halter in dieser Hinsicht alle Möglichkeiten, man kann ihn frisieren, wie es beliebt und wie es auch dem Hund am besten bekommt. Gemeinsam mit Lisas Frauchen hatten wir im Herbst beim ersten richtigen Fellwechsel gerätselt, ob man unsere Hunde trimmen oder scheren sollte. Hatten sie nun Schnauzerfell, das bekanntlich mehrmals jährlich getrimmt werden muss? Schäferhundfell hatte Nicky nicht – dafür war es zu dünn mit zu wenig Unterwolle, und Lisa war auch nicht viel wärmer eingehüllt. Bei Bo, der ein Husky-ähnliches Fell hatte, hatte ich in Zeiten des Fellwechsels tagelang Berge an weichem Unterfell ausgebürstet, man hätte gut und gerne drei Chinesische Nackthunde damit bestricken können. Nickys Unterwolle hätte allerhöchstens für ein Mützchen gereicht... Am ähnlichsten war immer noch das Fell eines Wolfshundes oder Deerhounds, mit denen besonders Lisa im Laufe der Zeit eine große Ähnlichkeit entwickelt hatte. Sie war inzwischen gut 10 cm größer und 8 kg schwerer als Nicky, die mit ihren 56 cm Schulterhöhe und 26 kg Gewicht „nur" das Format eines zierlichen Schäferhundes erreicht hatte. Um dieses Fell optimal pflegen zu können, testete ich verschiedene Bürsten und Trimm-Messer. Mit einer neugekauften Zupfbürste habe ich sie für ihre Begriffe wohl fürchterlich malträtiert, dieses eine Mal hatte leider ausgereicht, sie für immer zum Pflegemuffel zu machen. Alle Tricks mit Leckerchen oder Ablenkung fruchteten nicht, am Ende hatte ich oft nur den halben Hund frisiert, der, sobald er sich frei machen konnte, beleidigt von dannen schlich. Auch wenn ich mit allergrößter Vorsicht und nur ganz sanft ihr Fell bearbeitete, war ihr anzumerken, dass sie es als Zumutung empfand. Einzig dicke Dreckkrusten an den Pfoten, die sie selbst als unangenehm empfand und durch Lecken herunterbekommen wollte, durfte ich mit ihrer Billigung mit der Drahtbürste entfernen. Die dünn behaarte Brust und den zarten Bauch durfte ich nur mit der weichen Bostenseite ohne Druck behandeln. Ja, ja unsere Prinzessin auf der Erbse...

Alexa hingegen war in dieser Hinsicht viel pflegeleichter, wie ich erfuhr. Kam sie heim, wurde sie vom Frauchen in eine Wanne gestellt, abgewaschen und war sauber. Auch die Fellpflege sowie regelmäßiges Scheren bzw. Trimmen ließ sie sich gern gefallen. Nein, Alexa war da nicht so zimperlich wie unser Dreckspatz! Außerdem haaren Airedales nicht, wie auch Toskas Frauchen mir schon erzählt hatte. Wesensmäßig war Alexa ebenfalls robuster als unser Sensibelchen, war viel abenteuerlustiger und hatte ihre Freude daran, während der Gassi-Runden öfter eine ihrer Extra-Touren einzulegen. Dann verschwand sie irgendwo im dichten Gebüsch, es raschelte und knackte mal hier und mal da, manchmal flog ein Vogel auf aber mehr war von ihr für lange Minuten nicht zu sehen. Auf ihren Touren hatte sie kein offenes Ohr für die Rufe ihres Frauchens, die sich über so viel Dickköpfigkeit ziemlich ärgerte. Was die junge Hündin dort alles Interessantes gefunden haben mag? Es zog sie wie magisch jeden Tag aufs Neue ins Gebüsch. Anfangs lief Nicky noch hinterher, verlor aber bald den Spaß am Stromern und stand wie eine Musterschülerin sofort vor uns, sobald Lexas Frauchen anfing, die kleine Entdeckerin zu rufen.

»Heißt du Lexa? Nicky, du bist mir so eine. Bist ja brav gekommen. Geh und hol mal die Lexa, ja?«

Aber das wollte Nicky auch nicht. Sie blieb bei uns Frauen und wartete geduldig, bis ihre Freundin genug erlebt hatte, herankam und mit uns die Runde fortsetzte. Die beiden Hunde begrüßten sich als ob sie sich ewig nicht gesehen hatten, rannten ein Stück des Weges ganz eng Seite an Seite und waren glücklich und zufrieden. Wir hatten vermutet, dass die beiden Hunde entweder das Stromern oder das prompte Herankommen voneinander lernen würden, aber das geschah nicht.

Ich war auf jeden Fall sehr froh, dass Nicky in Alexa so eine prima Freundin gefunden hatte und sie neben den Kontakten in der Hundeschule auch daheim ausreichend Hundefreundschaften pflegen konnte, um ein gutes Sozialverhalten zu lernen. Mir schien das eine gute Basis für ein stressfreies Hundeleben zu sein. Und mir tat es ebenso gut, nicht den ganzen Tag alleine daheim zu sitzen. Durch Nicky hatte auch ich Abwechslung und anregende Gespräche, konnte mein Herz über allerlei Alltagsproblemchen ausschütten und hatte ebenfalls eine schöne Zeit.

# Mäuseabitur

Nachdem wir während des Winters eisern einmal wöchentlich das Hundetraining besucht hatten, war es an der Zeit, unsere Junghunde einmal auf die Probe zu stellen und zu sehen, wie viel sie bisher gelernt hatten. Unser Trainer Uwe hatte uns mit engelsgleicher Geduld immer wieder auf die gleichen Fehler hingewiesen und erklärt, warum die Vierbeiner manchmal nicht das taten, was wir von ihnen erwarteten. So viel war uns inzwischen klar geworden: die Fehler machten wir – nicht die Hunde! Die versuchten so gut es ging, das zu tun, was wir von ihnen verlangten. Daher nützte es auch wenig, mit ihnen zu schimpfen, sondern es war viel wichtiger sich zu fragen, wie man dem Hund besser begreiflich macht, was man von ihm verlangt.

Die alte „Leckerchen- und Micky-Maus-Stimmen-Masche" hatte sich gut bewährt, auch wenn man so manches Mal lieber richtig losgewettert hätte. „Sitz", „Platz", „Bei Fuß" und „Bleib" waren den Hunden inzwischen wohlvertraut, sie liefen prima neben ihren Menschen, machten korrekt die gewünschten Richtungswechsel mit und blieben brav auf Abstand im „Platz bleib" liegen, auch wenn Herrchen oder Frauchen sich entfernten. Die entsprechenden Handzeichen lernten sie gleich mit, denn die sind ungemein praktisch, wenn der Hund weit entfernt ist oder später im Alter schlecht hört.

Lange genug hatte es gedauert, so manche Schweißperle oder Verzweifelungsträne war geflossen, im Winter hatten wir als Eiszapfen auf dem Platz ausgeharrt, damit die Meute ihre Ausbildung komplettierte. Man muss schon sagen, wir waren ziemlich ausdauernd gewesen! Die Gruppe hatte sich zwar über den Winter etwas umstrukturiert, da einige aufgehört hatten und neue „Schüler" dazukamen, aber die Hunde hatten nach wie vor ihren Spaß an den Stunden. Vor dem Unterricht und zwischendurch wurde getobt, worauf sich alle immer besonders freuten.

In uns allen erwachte der Ergeiz, endlich mit den Hunden den begehrten „Hundeführerschein" zu erwerben. Diese Prüfung war keine hochoffizielle und amtlich anerkannte Prüfung, sie stellte eher einen Check des Kenntnisstandes von Hund und Halter dar und wurde von Prüfern unserer Hundeschule abgenommen. Aber man versicherte uns, dass eine Begleithundprüfung gut zu schaffen sei, wenn wir den

„Hundeführerschein" gemeistert hätten. Im Frühjahr 2000 war es schon nicht ganz einfach, einen größeren Hund zu halten, da allerorten „Stimmung" gegen Hunde gemacht wurde, aber erst einige Monate später sollte uns klar werden, wie sinnvoll ein Nachweis einer fundierten Hundeausbildung ist...

So trafen wir uns also an einem Nachmittag Anfang Mai auf dem Gelände der Hundeschule zum theoretischen Prüfungsteil, den wir Hundehalter zu absolvieren hatten. Hier wurde per Fragebogen unser Wissen rund um den Hund abgefragt. Teilweise waren die Fragen recht schwer, auch wenn man sich mit Fachliteratur im Vorfeld gründlich vorbereitet hatte. Der Nachmittag war warm, die Sonne knallte nur so vom Himmel und wir kamen ins Schwitzen, nicht nur durch die kniffligen Fragen! Die Auswertung wurde gemeinsam durchgeführt und am Ende hatten alle mehr oder weniger gut bestanden. Dies war die Voraussetzung zur praktischen Prüfung, die am folgenden Samstag in der Innenstadt abgenommen werden sollte. Dieser Teil machte uns alle nervös. Was kam da auf uns und die Hunde zu? In den letzten Monaten hatten wir fast ausschließlich auf dem Gelände der Hundeschule geübt, nun auf einmal sollte es in die Innenstadt gehen – und dann noch an einem belebten Samstagvormittag! Wir waren ratlos. Andererseits konnten wir uns alle inzwischen recht gut auf unsere Vierbeiner verlassen und wollten der Sache einfach gelassen entgegensehen.

Der Samstag kam, es war ein strahlender Maitag mit Sonnenschein und angenehmen Temperaturen schon am frühen Vormittag. Was hätte man alles Schönes unternehmen können. Aber nein, wir mussten ja zur Prüfung. Mussten wir wirklich? Das war doch alles nur freiwillig! Aber kneifen galt nicht! Wer A sagt, muss auch B sagen, also fuhren wir pünktlich los. Sepp sollte Nicky führen, so wie er es auch in der Hundeschule die ganze Zeit über getan hatte. Derweil wollte ich die Aktivitäten mit dem Fotoapparat festhalten, auch wenn ich befürchtete, dadurch eventuell auch unsere Nicky abzulenken. Andererseits wollte ich mir diese Bilder auch nicht entgehen lassen.

Treffpunkt war ein großer Parkplatz am Rande der City in der Nähe eines Parks. Wir versammelten uns in der Grünanlage, hier war es schattig und noch angenehm kühl. Nicky begrüßte ausgelassen Lisa und Toska und all die anderen Freundinnen und Freunde aus ihrer „Klasse" und schien sich auf das kommende Abenteuer zu freuen. Wir Menschen hingegen waren alle, ich gebe es zu, mehr als nervös. Auch wenn es hier eigentlich um „Nichts" ging, blamieren wollte man sich schließlich nicht. Wir kannten das zur Genüge: wenn der Hund besonders gut hören sollte, tat er alles, nur nicht das von ihm geforderte. Vorführeffekt sozusagen.

»Guten Morgen, liebe Leute. Alles ausgeschlafen und munter?« begrüßte uns der Prüfer. Er war Trainer in einer anderen Gruppe und somit uns und unseren Hunden nicht so vertraut. Dies war eine gute Basis für eine objektive Beurteilung der Leistungen. Unterstützt wurde er von einer jungen Frau, die sonst ebenfalls eine andere Gruppe leitete.

»Heute wollen wir unter verschärften Bedingungen überprüfen, ob sich eure Hunde auch unter Ablenkung durch äußere Reize gut von euch führen lassen. Wir gehen zusammen in die Innenstadt und werden dort einige Prüfungsaufgaben bewältigen.«

Bevor wir die Innenstadt unsicher machen konnten, gab es vor Ort einen ersten Test zu bestehen. Die Hunde sollten nur auf Kommando aus dem Auto springen, etwas, das besonders im Hinblick auf Verkehrssicherheit sehr wichtig ist. Also mussten alle Hunde zurück in die Fahrzeuge gebracht werden. Die beiden Prüfer testeten die Kandidaten nacheinander, ob sie beim Öffnen der Heckklappe oder Seitentür brav auf das Kommando zum Aussteigen warten würden. Das klappte wunderbar – alle schienen erspürt zu haben, dass wilde Hektik hier nur schaden konnte. Wenn ich da an die Aufregung vor dem Hundeschulgelände dachte, sobald die Hunde erkannt hatten, wo sie waren und, den einen oder anderen Kumpel im Blick, nur noch laut kläffend hinausdrängten… Aber die Begrüßung hatten sie ja zum Glück schon hinter sich, sie waren alle nur ziemlich verwirrt, dass sie wieder ins Auto mussten.

Der ganze Trupp setzte sich nach Abschluss der ersten Prüfungsaufgabe in Bewegung. Es waren neun Hunde mit ihren Menschen, alles größere Exemplare (zwei Deutsche Schäferhunde, ein Golden Retriever, der Eurasier Murphy sowie der Husky-Mix Max, ein Collie, Toska, Lisa und Nicky), die natürlich als Gruppe in der Stadt für Aufsehen sorgten. An den Straßen wurden alle Hunde in „Sitz" gebracht, gemeinsam wurde „Bei Fuß" die Straße überquert und die Hunde mussten möglichst gesittet, ohne an der Leine zu zerren, brav neben ihren Menschen herlaufen.

Nicky vergaß, wenn sie ängstlich oder aufgeregt war, oft alles Gelernte und zerrte und zog um so schnell wie möglich der unangenehmen Situation zu entfliehen. Daher war mir klar, dass dieser Teil der Prüfung für sie schwierig war. Einfacher war es für sie, brav an einer Ecke neben einem Eiscafé zu Herrchens Füßen abgelegt zu werden und sich nicht von den vorbeigehenden Passanten und deren Hunden ablenken zu lassen. Auch das „Winkelgehen", mitten im Gewühl ausgeführt (der Hund läuft konzentriert neben Herrchen oder Frauchen und folgt diesem bei jeder Wendung nach rechts oder links) klappte reibungslos. Die Passanten blieben stehen, um dem Schauspiel zuzusehen.

»Was is'n das hier? Eine Kampfhund-Demo oder so?« wurden wir nicht nur einmal gefragt. Natürlich gaben wir alle bereitwillig Auskunft, ergab sich hier doch eine wunderbare Gelegenheit, Werbung für unsere wohlerzogenen Hunde zu machen. Die Stimmung im Lande gegenüber Hunden war zu diesem Zeitpunkt reichlich aufgewiegelt, allerorten wurde von Übergriffen durch „Kampfhunde" in den Medien berichtet und jeder nur wenig mit Hunden vertraute Mensch fühlte sich vom harmlosesten Hund bedroht. Wer unsere wirklich superbraven Vierbeiner sah, konnten diese Vorurteile vielleicht etwas abbauen.

Weiter ging's zu einem ruhigeren Quartier, wo die Hunde in Dreiergruppen entfernt von der Meute brav erst „Platz bleib" und dann ein paar hundert Meter weiter „Sitz Bleib" vorführen mussten. Was für eine schwierige Aufgabe! Die Hunde wurden in „Sitz" bzw. „Platz" gebracht, dann entfernten sich die Menschen und die Hunde saßen einige Minuten brav auf der Stelle, bis sie wieder abgeholt wurden. Ich war ganz begeistert, wie toll sie das alle machten! Na ja, nicht alle – einigen wurde es schnell langweilig und sie standen auf, um herumzukaspern, wurden erneut hingesetzt und tanzten dann doch wieder herum. In Nickys Gruppe war es Toska, die den Kasper machte, dann stand der Schäferhund Arno auf, um sich zu entfernen und Nicky wusste daraufhin nicht, ob sie bleiben oder mitkaspern sollte. Sie entschied sich für das Mitkaspern und war somit ebenfalls durch diesen Prüfungsteil gerauscht! Es war nur eine Dreiergruppe, die diese Übung fehlerfrei durchführte, aber ich fand es trotzdem sehr beeindruckend, die Hunde dort so wacker sitzen zu sehen während auf der gegenüberliegenden Seite die anderen Hunde und wir Menschen in fröhlicher Eintracht standen. Anscheinend spürten unsere Hunde, dass dies eine ganz besondere Situation war, auch wenn es bei einigen dann doch nicht für drei Minuten Stillsitzen reichte. Der Prüfer und die Prüferin machten eifrig Notizen und wir fragten uns alle, ob die Hunde wohl trotz einiger Fehler noch bestehen würden.

Gut eine Stunde waren wir inzwischen unterwegs, in der Stadt brummte das Geschäftsleben, es war warm geworden. Daher freuten wir uns als es hieß, wir könnten wieder zurück in Richtung Park gehen. Die Hunde waren durstig und man merkte ihnen an, dass die Konzentration nachließ. Nicky war mit uns selten in der Stadt gewesen, wir fanden es nicht gut, sie diesem Gewühl auszusetzen. Unsere kleine Landpomeranze war von den vielen Eindrücken sichtlich erschöpft. Auch den anderen Hunden ging es nicht anders, es waren alles keine Stadthunde. Um so größer war die Freude, als wir endlich im Park ankamen. Dort stürzten sich fast alle Vierbeiner gleich an einen Teich, um zu saufen, sie waren nur mit Mühe von einem Vollbad abzuhalten. Im Park sollte der letzte Prüfungsteil stattfinden.

Dabei mussten die Hunde einzeln aus dem Spiel abgerufen werden. Hierbei gab es ein nicht unerhebliches Problem: Im Park, wie zur Zeit überall, herrschte Leinenzwang, daher war es gar nicht möglich, die Hunde frei spielen zu lassen. Nach kurzer Absprache einigten sich die beiden Prüfer darauf, ganz kurz mal eine Ordnungswidrigkeit zu begehen. Also ließen wir die Hunde von der Leine und sofort tobten sie alle fröhlich herum, ganz erleichtert, der Prüfung ihrer Meinung nach entkommen zu sein. Lisa nahm umgehend ein Bad in der Oker, die durch den Park fliest, einige andere schlossen sich sofort an. Toska lief wie angestochen herum, spielte Fangen mit der Retrieverhündin und alle waren ziemlich ausgelassen. Nun hieß es: „Alles an die Leine!" Jeder rief seinen vierbeinigen Freund zu sich, die Hunde kamen mehr oder weniger gut heran, bei einigen wollte es jedoch nicht so richtig klappen. Mit viel Nachhilfe waren endlich alle Hunde wieder eingefangen. Nicky gehörte zu den wenigen, die sofort herankamen, um sich an die Leine nehmen zu lassen. Das war ihre „Spezialität", das machte sie immer prima! Nach kurzer Beratung einigten sich die beiden Prüfer darauf, diesen Teil der Prüfung nicht zu bewerten. Zum Abschluss sollten die Hunde noch beweisen, dass sie sich problemlos anfassen und ins Maul schauen lassen. Also legten sich die Hunde gemütlich ins Gras und Herrchen oder Frauchen spielten Tierarzt. Auch diese Übung verlief ohne Zwischenfälle, aber das hatten wir auch nicht anders erwartet.

Ich hatte während der ganzen Zeit fast drei Filme verknipst und war erleichtert, dass alles endlich überstanden war. Es war eine ziemlich umfassende Prüfung gewesen, dazu dann die Wärme und die volle Innenstadt – insgesamt eine reife Leistung unserer Hunde!

Die Prüfer werteten ihre Kontrollbögen aus, dann gab es die Ergebnisse: Bis auf eine Schäferhündin hatten alle Hunde bestanden! Die arme Schäferhündin war durch die Nervosität ihres Frauchens verunsichert und dadurch unkonzentriert gewesen. Sie hatte allerlei dumme Fehler gemacht, die schließlich dazu führten, dass sie mit knappem Ergebnis durchfiel. Beide waren ganz enttäuscht.

Alle anderen hatten es recht gut gemacht, hier und da gab es Punktabzüge – bei Nicky durch ihr Ziehen an der Leine und das Herumkaspern beim „Sitz bleib". Zwei hatten die Prüfung sogar in allen Teilen mit voller Punktzahl bestanden!

Da es bereits Mittagszeit war, löste sich die Gruppe schnell auf. Lisa, Toska, Nicky und der Schäferhund Arno – eigentlich eher ihre Menschen - wollten noch ein wenig feiern. Wir beschlossen, mit den Hunden zur großen Hundewiese zu fahren, um sie dort nach bestandenem „Mäuseabitur" nach Herzenslust toben zu lassen.

Gesagt, getan, wir trafen uns an der großen, leeren Wiese. Kein Hund weit und breit. Wo waren die alle? Na, egal, dann hatten unsere vier halt die ganze große Wiese für sich. Da Leinenzwang war, war diese Wiese innerhalb der Stadt die einzige erlaubte Auslaufmöglichkeit. Aber unser Helden hatten keine Lust, sie waren genauso müde wie wir Menschen nach der überstandenen Aufregung. Wir setzten uns gemütlich auf eine Bank im Schatten und besprachen das Erlebte. Als mein Magen anfing lautstark zu knurren, stellten auch die anderen fest, dass sie hungrig waren. Also ging es ins nahegelegene Stadtparkrestaurant, auf dessen Terrasse man auch mit Hunden gern gesehen ist. Hier verbrachten wir eine nette Stunde bei Speis und Trank (auch für die Hunde gab es etwas zu saufen). Zur Erholung von den Strapazen begaben wir uns allerdings bald nach Hause, es war genug Aufregung für einen Tag gewesen.

Wir waren sehr stolz auf unsere Nicky. Hatte sich der Einsatz bei strömenden Regen, Eiseskälte und brütender Hitze in der Hundeschule doch ausgezahlt! Jetzt besaßen wir einen Hundeführerschein! Und der wurde bald darauf recht wichtig.

# Strandläufer

Nach bestandener Hundeführerscheinprüfung und den ganzen Sorgen und Nöten der letzten Monate wollten wir mal wieder richtig Urlaub machen. Nicky hatte ihre Bewährungsprobe im Bayerischen Wald mit Bravour bestanden, daher trauten wir uns an ein anderes Reiseziel heran, welches schon lange ganz oben auf unserer Wunschliste stand: die Ostsee! Vor einigen Jahren hatten wir mit Bo einen einwöchigen Urlaub auf Fehmarn verlebt, wo es uns allen gut gefallen hatte. Damals blühte gerade der Raps, der Duft, die gelben Felder und der blaue Himmel sind mir unvergesslich. Bo liebte das Wasser und hatte damals im Mai als einziger von uns Gefallen an einem ausgiebigen Bad gefunden. Nun war ich gespannt, was unsere Wasserratte Nicky von so viel Wasser halten würde.

Die Ostseeküste zwischen Kiel und Travemünde kannten wir recht gut, hatten in den Jahren vor dem ersten Hund einiges dort besucht. Kurz nach der Grenzöffnung waren wir auf Usedom und Rügen – ein längerer Urlaub dort wäre mein Traum gewesen. Aber die Fahrt dorthin war uns für eine Woche Aufenthalt zu weit, daher entschieden wir uns für ein kleines Seebad östlich von Travemünde.

In den Wochen vor dem Urlaub hatte ich reichlich Arbeit auf dem Tisch, alles eilig und wichtig, so dass ich den Urlaub wirklich dringend herbeisehnte. Wie hatte ich mich in der Zeit der beruflichen Flaute nach bezahlter Arbeit (unbezahlte Arbeit als Putzfrau und Haushälterin hatte ich genügend!) gesehnt, nun hatte ich so viel davon, dass es auch wieder nicht auszuhalten war. Nicky langweilte sich tagsüber, da ich immer nur kurz mit ihr spielen konnte. Kam Sepp von der Arbeit heim, rannte sie voller Begeisterung zur Tür, sprang vor Freude in die Luft, jubelte in den höchsten Tönen und war kaum zu bremsen, wenn sie dabei immer hin und her rannte, um ihr Glück über den Beginn der Spiel-, Spaß- und Abenteuerzeit zu bekunden. Ich fand das unfair, Sepp war ja den ganzen Tag weg und ließ sie alleine, ich war immerhin noch bei ihr im Haus. Ließ ich sie kurz zum Einkaufen allein und kam zurück, machte sie nie solch einen Aufstand! Ich nahm mir vor, den gemeinsamen Urlaub auch dahingehend zu nutzen, mich bei ihr etwas beliebter zu machen, denn anscheinend, so sah ich das zu diesem Zeitpunkt, fand sie mich zwar ganz nett, verknüpfte aber all die tollen Unternehmungen mit Sepps Anwesenheit. So konnte das nicht gehen, immerhin war ich doch diejenige, die sich damals voller Sehnsucht einen Hund gewünscht hatte! Ich gebe es zu, ich war etwas eifersüchtig!

In der Woche vor dem Urlaub bekam Nicky Durchfall. Ein Virus grassierte, den hatte sie sich eingefangen. Zwei Tage sah ich mir das an, fütterte sie mit Huhn und Reis, aber es wurde nicht besser. Als dann noch Erbrechen hinzukam und sie richtig elend aussah, kamen wir um den Tierarztbesuch nicht herum. Eigentlich wollten wir nach dem Urlaub dort sowieso einen Besuch abstatten, die jährlichen Impfungen waren fällig und die vorher nötige Wurmkur hatten wir bereits verabreicht. Nun aber war sie so krank und elend, dass sie mit Medikamenten versorgt werden musste, auch im Hinblick auf die Urlaubsreise, die wir notfalls abgesagt oder später angetreten hätten.

Inzwischen waren wir schon Stammkunden bei unserer Tierärztin, Nicky wurde entsprechend begrüßt:

»Hallo Nicky, Süße, was ist denn los?« Ich erzählte von unserem Problem.

»Nicky hat seit ein paar Tagen Durchfall, bekommt zwar Diät, aber es wird nicht besser. Heute früh hat sie sich übergeben, fühlt sich ziemlich mies und am Samstag wollen wir für ein paar Tage verreisen!«

Die gründliche Untersuchung ließ sie ohne Gegenwehr über sich ergehen, ergeben ließ sie Fieber messen und wie ein begossener Pudel stand sie danach neben mir, als ich die Dosierung der Medikamente erklärt bekam.

»Wenn sie einen Tag richtig fastet und dann streng ihre Diät einhält wird sie sicher ganz schnell wieder quietschvergnügt sein. Die Tabletten hier geben sie ihr regelmäßig fünf Tage lang, dazu dann dieses Pulver für den Aufbau einer normalen Darmflora. Und wenn sie mag, darf sie Joghurt schlecken. Aber bitte den mit den lebenden Kulturen, der ist gut für den Darm.«

Joghurt liebte Nicky, auch Hüttenkäse, der ebenfalls auf dem Diätplan stand. Reis und Huhn sowieso – na, da würde sie über schlechte Verpflegung nicht maulen können. Wie gut aber, dass wir ein Ferienhaus mit Küche gemietet hatten, ich bin mir nicht sicher, ob eine Hotelküche auch Hundediät für uns gekocht hätte...

Am Tag der Abreise war sie schon wieder recht munter und fidel, hatte das Einladen der Koffer und Utensilien mit wachem und auch wissendem Blick verfolgt und freute sich sehr auf die Fahrt, die ihr bevorstand. Ihre Liegefläche im Auto hatten wir mit ihren Decken weich gepolstert – eine Luxussänfte für unsere Maus. Anscheinend erinnerte sie sich an die letzte Reise und war völlig aufgekratzt und quirlig. Auch Sepp freute sich sehr auf die Reise, nur ich war schachmatt gesetzt – am Vortag war auf der Fahrt mit Nicky zum Kontrolltermin bei der Tierärztin das Dachfenster meines Autos offen gewesen. Durch den Luftzug hatte ich einen steifen Nacken und konnte mich kaum bewegen! Na, das fing ja gut an! Es tat so weh, am liebsten wäre ich daheim geblieben und hätte mich wieder ins Bett gelegt. Doch das wollte ich meinen beiden reiselustigen Gefährten nicht antun, die schon ganz hibbelig waren und darauf warteten, dass ich endlich in die Strümpfe kam. Vor Antritt der Fahrt machte ich mir, um den Schmerz etwas zu lindern, eine heiße Kompresse zum Mitnehmen. Dann ging es endlich los in Richtung Ostsee.

Auf der landschaftlich reizvollen Fahrt über Land, die uns den Großraum Hamburg mit seinen Staus ersparte, litt ich leise vor mich hin. Jede Unebenheit in der Fahrbahn spürte ich schmerzhaft, jede Kurve war unangenehm. Wie gut, dass ich nicht auch noch fahren musste! Eigentlich hatte Sepp damit gerechnet, mir in den Tagen zuvor öfter mal flachsend angedroht, ich müsse ihn beim Fahren ablösen. War das vielleicht der Grund, warum ich mir unbewusst eine triftige Ausrede gesucht hatte, da ich doch immer noch so ungern Auto fuhr? Wer weiß?! Schließlich hielt ich es nicht mehr aus und verschaffte mir in einer Apotheke Erleichterung in Form von Tabletten und Salbe.

Zur Mittagspause fühlte ich mich bereits etwas besser. Auch Nicky hatte nach einem Spaziergang querfeldein richtig Appetit und mümmelte vergnügt ein paar Zwiebäcke. Als wir am Nachmittag unser Ziel erreichten, ging es mir wieder recht gut, die Tablette wirkte und die Verspannung würde sicher bei regelmäßiger Anwendung der Salbe auch nachlassen. Während der letzten Kilometer war ich außerdem so damit beschäftigt, die wunderschönen Alleen aus blühenden Kastanienbäumen zu bewundern, dass ich alles andere vergaß.

Die Landschaft ringsum war einfach traumhaft, sanfte Hügel, blühende Alleen und nette kleine, inzwischen schon fein herausgeputzte Dörfchen, welche die ehemals graue und triste Vergangenheit nach inzwischen zehn Jahren hinter sich gelassen hatten. Das Feriendorf war neu erbaut und alles sah sehr gepflegt aus. Unser Reihenhäuschen erinnerte uns an daheim, der Baustil war ähnlich, nur etwas kleiner halt. Zwischen den einzelnen Häuserreihen wuchsen hohe Bäume und die ganze Siedlung war von Weiden und Brachland umgeben. Natur pur. Die Siedlung bestand aus etwa 200 Häusern, die im Mai kaum bewohnt waren. Wir lebten dort in himmlischer Stille. Kein leises „Grundrauschen" von Autobahn und Großstadthektik, nur zwitschernde Vögel und des Nachts sogar eine Nachtigall! Hier hätte ich es ewig aushalten können! Auch der kleine Ort hatte sich in den letzten Jahren zu einem Seebad herausgeputzt und musste sich nicht vor den Kurorten ein paar Kilometer westlich verstecken.

Schnell packten wir unser Gepäck aus, tranken noch einen Tee und waren ganz gespannt darauf, das Meer zu sehen, welches ja laut Plan nur ein paar Gehminuten vom Haus entfernt zu finden sein sollte. Nicky war ganz aufgeregt, hatte schon die Nase mehrmals in den Wind gesteckt, um zu prüfen, woher der salzige Geruch wohl kam, der hier in der Luft lag. Ihre Verdauung war durch Medikamente und Diät wieder in Ordnung, aber sie war noch ein wenig außerhalb ihrer normalen Zeiten. Wir hatten uns viele kleine Butterbrotbeutel eingesteckt, um eventuelle Missgeschicke auch entsorgen zu können, und nicht unangenehm aufzufallen. In der Feriensiedlung war uns durch diverse Schilder schon aufgefallen, dass Hunde nicht überall willkommen waren. Nur durch einen privaten Kontakt hatten wir das Haus trotz des Hundes mieten können.

Nach einigem Suchen und Umwegen fanden wir endlich den Weg zum Strand und waren erpicht darauf, entlang der Wasserlinie laufen und das Meer begrüßen zu können. In der Nähe sollte sich auch der Hundestrand befinden, von dem wir gelesen hatten, und waren überzeugt, Nicky und das Meer gleich miteinander bekannt zu machen. Aber als wir zur Strandpromenade kamen, fanden wir keinen Zugang, den wir mit Hund hätten betreten dürfen! Überall unmissverständliche Schilder. Etwas außerhalb endlich, an einer mit Tang, vielen Muscheln, Steinen und angeschwemmtem Dreck verunreinigten Stelle kamen wir zum Wasser. War dies der Hundestrand? Ein Schild hatten wir nicht gesehen, auch weit und breit niemanden, den wir hätten fragen können. So marschierten wir weiter in Richtung Ort, kamen in der Nähe der Promenade und wurden sofort angeblafft:

»Dies ist hier für Hunde verboten. Können Sie nicht lesen? Das kostet normalerweise Strafe!«

Schnell sahen wir zu, dass wir den Strand verließen, wanderten nun auf der Promenade mit der sehnsüchtig zum Wasser blickenden Nicky. Ich mag nicht ausgeschimpft werden, besonders nicht, wenn wir an unserem Tun eigentlich unschuldig sind. Was um alles in der Welt hatten wir Verbotenes getan? Nicky war angeleint und hatte weder Pipi noch ein größeres Geschäft hinterlassen. War schon der Anblick eines Hundes am Strand strafbar? Meine gute Laune sank. Toller Urlaub am Meer – das man mit seinem vierbeinigen Freund nicht betreten darf! Reichlich Kurtaxe hatten wir schon bezahlt, das war das allererste gewesen, das man uns bei der Schlüsselübergabe abgeknöpft hatte.

Auf der Promenade, die hier noch nicht ganz so fein herausgeputzt war wie in Timmendorf und aus einem Sandweg bestand, der gesäumt war von blühenden Heckenrosenbüschen und Dünen auf der einen Seite und kleinen Geschäften und Restaurants auf der anderen Seite, konnte Nicky zum Trost einige nette Hundebekanntschaften machen. Ich nutzte die Gelegenheit und sprach die dazugehörigen Menschen an.

»Es soll hier einen Hundestrand geben. Eben sind wir ziemlich böse angemacht worden, als wir mit unserer Nicky an der falschen Stelle zum Wasser gegangen sind. Man will hier ja nicht unangenehm auffallen als Hundebesitzer, können Sie uns sagen, wo wir hinmüssen?«

»Oh, es gibt sogar zwei sogenannte Hundestrände, einer noch weiter westlich entlang der Steilküste und einer ganz weit östlich, ca. 4 km entfernt vom eigentlichen Ort, hinter den Kurheimen und Kliniken. Aber versprechen Sie sich mal nicht zu viel davon. Na, Sie werden schon sehen, was wir meinen…«

Für einen ersten Spaziergang war uns das zu weit – aber morgen war ja auch noch ein Tag!

Die schöne Unterkunft entschädigte uns für die schlechte Erfahrung. Auf Fehmarn gab es damals zwar einen Naturstrand für Mensch und Hund, aber dafür hatte die Ferienwohnung den Charme einer Sperrmüllsammlung gehabt und mitten in meiner Matratze befand sich ein Loch, durch das die Federung hervorlugten. Aber hier war alles so schön wie daheim, alles niegelnagelneu und pieksauber. Wir verbrachten einen gemütlichen Abend und konnten uns gar nicht satt hören an der klaren Stimme der Nachtigall im Baum vor unserem Haus.

Am nächsten Tag, einem Sonntag, machten wir uns nach dem Frühstück auf, um den Hundestrand an der Steilküste in Augenschein zu nehmen. Die Strecke bis dorthin war nicht zu weit, so dass wir gut zu Fuß gehen konnten. Als wir ankamen, trauten wir unseren Augen kaum. Eine wunderschöne Steilküste, am Wasser gesäumt von riesigen Felsbrocken und kiesigem Strand, der dicht mit Muscheln und Tang überzogen war. Hier wurde nicht aufgeräumt, es roch herzergreifend nach moderndem Seegras und, wie ich fand, auch nach Fäkalien. Es waren schon einige Hunde mit ihren Menschen zugegen und freuten sich, dass sie hier unangeleint herumlaufen und ins Wasser durften. Nicky ging recht vorsichtig auf dem Kies, das Gefühl unter den Pfoten war ihr sichtlich unangenehm. Etwas weiter unterhalb der Abbruchkante lag Sand, auf dem es sich besser gehen ließ. Ein wirklich beeindruckender Strand, wildromantisch und naturwüchsig. Aber nicht der rechte Ort, um einen Tag dort zu verbringen. In meinen Träumen hatte ich mich gemütlich im Strandkorb sitzen sehen, eine schlafende Nicky zu meinen Füßen. Von diesem Traum nahm ich erst einmal Abschied. Vielleicht war der andere Strand ja besser?

Auf dem Rückweg trafen wir auf Moses, den Hamburger Beagle, mit seinem Herrchen.

»Na, haben Sie also doch noch den Hundestrand gefunden? Nicht gerade toll, aber was will man machen?« Er erzählte vom Hundestrand auf Sylt, wo man auch mit Hund einen Strandkorb bekam. Aber das kleine Ostseebad war nun mal nicht Sylt und wir sollten halt das Beste daraus machen.

Insgeheim war ich froh, dass das Wetter wieder kühler geworden war, noch vor einigen Tagen hatten wir wie im Hochsommer geschwitzt. Jetzt war es frisch geworden, so dass ich es nicht allzu sehr bedauerte, nicht am Strand sitzen zu können. Wir wanderten wieder in Richtung Örtchen, um uns für das Mittagessen ein Restaurant zu suchen. Wir befürchteten, dass auch dies eventuell Probleme mit sich bringen würde, denn wir hatten, seit wir „auf den Hund kamen", schon viele Lokale von unserer Liste gestrichen, weil sie Hunde vom Besuch ausschlossen. Doch bereits beim ersten Lokal konnten wir auf der Terrasse in der Sonne sitzen und Nicky flirtete mit den Herrschaften am Nachbartisch.

»Ach, was für ein netter Hund. Und so lustige Öhrchen hat er!«

Wir gut, dass Nicky durch ihr Äußeres schnell Menschen für sich einnehmen kann! Sie legte sich ruhig unter den Tisch und kam erst wieder hervor, als wir aufstanden, um zu gehen. Trotzdem hörte ich beim Weggehen abfällige Bemerkungen sowie das Wort „Köter" von einem der Tische. Was für „freundliche" Menschen…! In den nächsten Tagen verpflegten wir uns lieber selbst, die Küche im Ferienhaus war gut ausgestattet, sogar mit einer Mikrowelle! Und auf der Terrasse vor dem Haus konnten wir einige Zeit in der Sonne sitzen – was wollten wir mehr?

Nachmittags lockte uns die Neugierde an den östlichen Hundestrand, zu den wir mit dem Auto fahren wollten. Es war ein ziemliches Stück zu fahren, durch den Ort und dann immer geradeaus, parallel zu kleinen Fischerhütten und größeren Strandvillen, Campingplätzen und großen Kurklinken. Dann kam auf einmal das Ende der Straße – hier irgendwo musste es sein! Wir stiegen aus und liefen in Richtung Meer, kamen an die Promenade, die auch hier mit Kassenhäuschen den Zugang zum Strand für Hunde absperrte. Aber es gab einen Wegweiser zum Hundestrand. Na, da konnten wir ja nicht ganz verkehrt sein! Vor uns spazierte ein älteres Paar mit Dackel, dem wollten wir, im festen Glauben, dass sie auch zum Stand gingen, folgen.

Nicky zog ganz aufgeregt an ihrer Leine, ob sie ahnte, dass sie nun zum Strand kommen würde? Nach einer kurzer Strecke erreichten wir den ersehnten Ort und waren abermals enttäuscht! Zwar war dieser Strandabschnitt aus feinstem Sand, aber es waren nur gut 200 m bis zu einem Maschendraht, der ein Weitergehen strengstens verbot. Das dahinter liegende Gebiet sah nach ehemaligem Militärgebiet aus. Am Strand weit und breit keinerlei Sitzgelegenheit. Wollte man sich hier länger aufhalten, musste man sich in den jetzt feuchten Sand setzen, denn es hatte zwischenzeitlich ein wenig geregnet.

Und dafür mussten wir also Kurtaxe bezahlen??

Aber wenigstens spielen konnte Nicky hier. Wir warfen ihren Wurfball und sie sauste wie der Blitz auf dem festen Sandboden, pitschte und patschte in den zurückgebliebenen Wasserlachen und tollte übermütig herum. Das war doch gar nicht so schlecht!

Wir trafen auch hier einige Hunde in Begleitung, teilweise hatten wir die Bekanntschaft bereits auf der Promenade gemacht. Hundeleute kommen überall schnell ins Gespräch während die Hunde miteinander spielen. So erfuhren wir, dass wir fünf Tage zu spät angereist waren, denn bis zum 15. Mai hätten wir mit Nicky den ganzen Strand benutzen dürfen! Inzwischen war Saison und Hunde waren kurzerhand am Strand verboten. Und das nicht nur hier, sondern an der ganzen Küste mit Ausnahme von einigen naturnahen Stränden.

Ja, da müssen wir in Zukunft wohl früher oder wesentlich später im Oktober verreisen, wenn wir zusammen mit unserer Maus am Stand sein wollen. Ich kann gut verstehen, dass für einige Menschen ein Hund am Strand Ängste hervorruft. Auch finde ich es unmöglich, wenn ein Hund sein Geschäft am Strand erledigt und der Halter dies nicht beseitigt! Aber all dies lässt sich regeln, doch offenbar hat das Verhalten einiger schwarzer Schafe zu diesem Verbot geführt. Was mich allerdings wirklich traurig machte, war die Tatsache, dass man als Halter eines Hundes Urlauber zweiter Klasse ist! Immer wieder hat man das Gefühl, mit dem vierbeinigem Freund nicht gern gesehen zu sein. Wie anders hören sich die Berichte von Freunden und Bekannten an, die mit ihren Hunden in Dänemark Urlaub gemacht hatten. Auch hier gab es Regeln und Gebote, aber nirgends eine solch offene Ablehnung, wie wir sie erfahren hatten. Vielleicht sollte man den nächsten Urlaub dort verbringen?

Trotz dieses Wehmuttropfens verbrachten wir noch wunderschöne Tage in dieser sehenswerten Landschaft, genossen die Natur, den kurzen Hundestrand und einige Ausflüge in die Umgebung. Viel zu schnell war die Woche um und wir machten uns wieder auf den Heimweg. Nicky hatte viele neue Freundinnen und Freunde gefunden und wir zahlreiche freundliche Hundehalter aus ganz Deutschland kennen gelernt. Jetzt freuten wir uns alle sehr auf unser Daheim, den Garten und Nicky natürlich auf alle Kumpelchen ringsum, denen sie sicher von der Reise auf ihre Art berichten würde.

# Kampfhunde

Mit großer Besorgnis verfolgte ich die Berichte in der Presse über Angriffe von aggressiven Hunden („Kampfhunde") auf harmlose Passanten. Meist waren es bestimmte Mensch-Hund Gespanne, die diese Beißunfälle zu verantworten hatten. Viele davon konnte man durchaus am Rande der Gesellschaft finden, wo man seine eigene Stärke (oder Schwäche?) mit einem gefährlichen Vierbeiner aufwerten wollte. Polizei und Ordnungsbehörden sahen dem Treiben scheinbar tatenlos zu, immer mehr Menschen fühlten sich beim Anblick großer Hunde unsicher und ängstlich.

Auch wir Hundehalter sahen dies mit gemischten Gefühlen. Auf der einen Seite hatten auch wir Angst um unsere vierbeinigen Freunde, die wesentlich häufiger als Menschen den zu Kampfmaschinen dressierten Beißern zum Opfer fielen. Sah man auf der Hundewiese ein solches schwer einzuschätzendes Gespann aus Mensch und Hund, versuchte man, ihnen so gut es ging aus dem Wege zu gehen. Nur nicht provozieren! Andererseits hatte ich auch schon einige sehr liebe Exemplare der nun als „Kampfhunde" verrufenen Rassen erlebt und kennen gelernt, allerdings meist in Begleitung von ebenfalls sehr freundlichen, „normalen" Menschen, so dass ich versuchte, die ganze Problematik etwas differenzierter zu sehen.

Aber was sich im Sommer 2000 aus der bis dahin eher nebensächlichen Kampfhundediskussion entwickeln sollte, hätte ich mir im Leben nicht träumen lassen!

Bisher waren wir es als Hundehalter gewohnt, dass man ganz gut mit Passanten und Nachbarn auskam, wenn man den Hund rücksichtsvoll und vorausschauend führte, mit oder ohne Leine, je nach Lage der Dinge. Immer mal wieder gab es notorische Hundehasser; jedes Jahr wieder wurden zur Einschüchterung an der einen oder anderen Stelle Köder mit Gift oder Nägeln ausgelegt und man hörte mit Erschrecken, wenn dem wieder ein Hund zum Opfer gefallen war. Dahinter steckte vielfach ein gestörter Mensch oder ein auf die Spitze getriebener Nachbarschaftsstreit.

Nicky und ich erlebten immer wieder, dass Passanten ängstlich schauten, wenn wir ihren Weg kreuzten. Nicky hatte durch ihre Größe und die Tatsache, dass sie aus der Ferne fast schwarz wirkte, eher mit

Vorurteilen zu kämpfen als damals der plüschig-braune Bo. Aber beim Näherkommen entdeckten viele ihre lustigen Ohren und ihr freundliches Gehabe und ich bemühte mich, sie bei erkennbaren „Angsthasen" sofort heranzurufen, um sie „Bei Fuß" oder am Halsband haltend vorbeizulotsen. Das wurde uns zuweilen sogar mit einem „Danke schön, sehr freundlich" gedankt. Verbale Angriffe wie das schon bekannte „Scheiß-Köter" waren noch nicht an der Tagesordnung.

Dann geschah in Hamburg ein furchtbarer Unfall, bei dem der kleine Junge Volkan in bestialischer Weise zu Tode gebissen wurde, von zwei abgerichteten „Kampfhunden", die laut Anordnung einen Maulkorb hätten tragen müssen, da sie bereits auffällig geworden waren. Die Nation war geschockt und sofort suchte man nach den Schuldigen. Ohne lange nach den wahren Hintergründen zu forschen, wurde eine Pressekampagne ohnegleichen losgetreten. Kein Tag verging, an dem nicht reißende Bestien mit riesigen Mäulern die Titelbilder der Boulevardblätter beherrschten. Jeder Hundebiss – und war er noch so harmlos – war nun eine Schlagzeile wert. Selbst unsere Tageszeitung, bisher auch nicht gerade hundefreundlich, aber doch um Sachlichkeit bemüht, schloss sich der Stimmungsmache an und übergoss die Gesamtheit der Hundehalter mit der gleichen Polemik, welche bereits ein normalerweise um Seriosität bedachtes großes Hamburger Journal viele Leser unter den Hundehaltern gekostet hatte, die kurzerhand ihr Abonnement kündigten.

Ich war fassungslos! Was tat sich hier im Lande? Nie hätte ich es für möglich gehalten, dass sich ein ganzes Volk so schnell aufwiegeln ließ. Mit sachlichen Argumenten, allerorten von Hundehaltern, Tierärzten und Verhaltensforschern öffentlich geäußert, kam man gegen diese allgemeine Hysterie nicht mehr an. Ungläubig hörte ich von tätlichen Übergriffen auf Hundehalter, deren einziges Vergehen es war, einen Pudel Gassi geführt zu haben. Hunde, deren Aussehen den nun als gefährlich geltenden oder gar verbotenen Rassen auch nur im entferntesten ähnelte, wurden teilweise nur des nachts Gassi geführt, weil die Halter um das Leben ihrer vierbeinigen Freunde fürchteten. Unsere Politiker reagierten schnell und ohne Sachverstand, dafür aber in der Hoffnung auf Profilierung. Ich kam mir vor wie in einem schlechten Film.

Von der großen Braunschweiger Hundewiese kam die Meldung, es wären Giftköder und Flaschenhälse ausgelegt worden. Langsam kam Panik unter den Hundehaltern auf. Man war inzwischen übersensibel, jeder scheele Blick von einem Passanten tat fast körperlich weh.

Bei uns im Örtchen war die Stimmung noch halbwegs moderat, man kannte sich und es wagte niemand so schnell – anders als in den anonymen Wohnvierteln – einen Hund oder den dazugehörigen Halter anzugreifen. Aber die Hundehasser hatten Oberwasser, fühlten sich, gestärkt durch die sensationsgierige Presse, im Recht Dinge zu tun, die im normalen täglichen Miteinander jedem die Schamesröte ins Gesicht getrieben hätte. Hundehalter wurden bespuckt und beschimpft, manche ältere Dame traute sich kaum noch mit ihrem Fifi vor die Tür. Dazu kamen all jene, denen durch die mit heißer Nadel gestrickten Hundeverordnungen nun die Entziehung ihres Hundes drohte oder deren vierbeiniger Freund für den Rest seines Lebens anscheinend nur noch mit Maulkorb auf die Straße durfte. In der Tagzeitung las ich, dass eine örtliche Wohnungsgenossenschaft mit Kündigung drohte, falls der Familienhund, der leider ein nun als gefährlich eingestufter Dobermann oder Rottweiler war, nicht binnen vierzehn Tagen abgeschafft würde. Bloß wohin? Die Tierheime weigerten sich inzwischen, Erfüllungsgehilfen dieser verfehlten Politik zu sein, Tierärzte lehnten es ab, diese Tiere ohne triftigen Grund einzuschläfern. In diesem Augenblick meines Lebens war ich so froh wie nie, dass wir nicht zur Miete wohnen mussten, dass unsere Nachbarn Nicky mochten und sich von dieser Hysterie anscheinend nicht beeindrucken ließen und dass wir dadurch von diesen Problemen wenig betroffen waren.

Dessen ungeachtet musste ich dieses Gefühl der Ohnmacht, welches sich durch die immer wieder neuen Gräuelgeschichten in den Zeitschriften bei mir einstellte, bekämpfen, indem ich Leserbriefe schrieb. Auch wenn ich dadurch vielleicht nicht viel ändern konnte, so wollte ich diese Situation nicht einfach unkommentiert hinnehmen. Selbst auf die Gefahr hin, dadurch eventuell uns oder Nicky zu gefährden, denn man wusste ja nie, welcher kranke Geist eine passende Zielscheibe für seine Angriffe suchte. Zu meinem Erstaunen bekam ich aber auf Grund eines solchen Leserbriefes von einer Dame aus der Nachbarschaft, selbst Hundehalterin, einen dicken Blumenstrauß, weil sie sich so freute, dass ich all das zu Papier gebracht hatte, was ihr selbst so durch den Kopf gegangen war. Sepp, den das alles ebenso aufbrachte, schrieb an unsere örtlichen Politiker und versuchte auf diesem Weg, auf die unerträgliche Stimmung hinzuweisen. Viele unserer Bekannten wurden ebenfalls auf die eine oder andere Art aktiv. In einigen Orten gab es spontane Demonstrationen gegen die neuen Hundeverordnungen – allerdings mit wenig Erfolg!

Inzwischen war man aber auf das Mobbing aufmerksam geworden, die Presse war erstaunt und erschüttert über die Lawine, die sie losgetreten hatte. So hatte man das doch alles gar nicht gemeint! Auf einmal war auch der verprügelte Hundehalter eine Schlagzeile wert, die alte Rottweilerhündin, die durch ihren Maulkorb nicht mehr mit den anderen Hunden spielen konnte und den Lebensmut verlor, und auch die überfüllten Tierheime mit ausgesetzten oder entzogenen „Kampfhunden". Hinter vorgehaltener Hand hörte man, dass die „Kampfhund-Szene" sowieso schon auf andere Rassen umgestiegen war, gab es doch genug Hunde, die sich bei entsprechend schlechter Behandlung für die gewünschten Zwecke einsetzen ließen.

So unbefangen und glücklich wie ich noch im Frühjahr mit Nicky spazieren gegangen war, konnte ich nicht mehr losgehen. Ich fühlte mich durch und durch verunsichert. Bloß nicht negativ auffallen! Immer den Weg auf weite Strecken nach Fußgängern und Radfahren absuchen, den Hund schon frühzeitig heranzurufen, ihn neben meinen Füßen zu platzieren. Nur keinen Ärger provozieren! Jetzt wusste ich, wofür wir die Hundeschule besucht hatten!

Kinder verzogen schon das Gesicht, wenn sie Hunde nur von weitem sahen. Überängstliche Eltern hatten ihrem Nachwuchs einen Bärendienst erwiesen und ihnen eine irrationale Angst eingeimpft, die ein normales Miteinander kaum mehr möglich machte.

Wir Hundeleute taten uns gerne zusammen – gemeinsam fühlten wir uns sicherer und wurden seltener dumm angesprochen. Eines Mittags bei der gemeinsamen Runde mit Alexa  hatten wir eine Begegnung mit einer Kindergartengruppe. Auf dem engen Okerweg, genau an der schmalsten Stelle, die ein Ausweichen kaum möglich machte, kamen uns ca. 15 Kinder mit zwei Erzieherinnen entgegen.

Hoffentlich blieben die Hunde brav! Nicht, dass eines der Hundemädchen auf die Idee kam, die Kinder freudig zu begrüßen – dann würde es sicher gleich heißen, sie wollten beißen! Und was dann passieren konnte, wollte ich mir gar nicht erst ausmalen. Ich rief Nicky sofort heran. Die Kinder blieben stehen und ich hörte die Erzieherinnen erklären:

»Kinder, legt bitte alle Stöcke, die ihr in den Händen haltet, hin und geht ganz ruhig weiter. Und mit den Händen nicht ruckartig nach oben. Die Hunde denken sonst, ihr wollt mit ihnen spielen. Ihr braucht keine Angst zu haben. Es ist alles in Ordnung.«

Die Frauen waren anscheinend recht gut mit dem Thema Hund vertraut! Damit hatten wir gar nicht gerechnet, nach all der ganzen Panikmacherei in der letzten Zeit. Nicky und Alexa hatten wir „sitz" machen lassen, angeleint waren sie ebenfalls und so verlief die Begegnung sehr ruhig und gesittet.

Puh – was waren wir erleichtert!

Was wäre passiert, wenn eines der Kinder gebrüllt und doch wild mit den Händen gefuchtelt hätte?

Wenn einer der Hunde an ihnen hochgehüpft wäre oder voller Übermut doch nach einem Stöckchen geschnappt hätte, weil ein Kind nicht den Anweisungen gefolgt war?

Jeder Kratzer, den ein Hund einem Kind zufügte, konnte durch die aktuelle Lage eventuell sein Ende sein! Viele Eltern waren in dieser Hinsicht inzwischen hysterisch, sahen in den Vierbeinern jeder Größe und Rasse eine übergroße potentielle Gefahr. Insgeheim hoffte ich einfach, dass sich bald ein neues Thema finden ließ, über das sich die Bevölkerung aufregen konnte. So ist es schon immer gewesen: ein Skandal löst den anderen ab! Ich wollte endlich wieder ohne Anspannung mit Nicky spazieren gehen.

Und so geschah es dann auch.

Das Sommerloch ging dem Ende entgegen, mit Beginn des Herbstes tobten sich die Medien an der rechten Szene aus und danach sprach man allerorten nur noch über BSE und MKS. Gut ein halbes Jahr nach den schrecklichen Vorfällen verlor kaum noch jemand ein Wort über Kampfhunde. Wie schnell die Menschen doch wieder vergessen können… Vielleicht war es ja auch dem einen oder anderen peinlich, wie sehr er sich hatte hinreißen lassen?

Die Gerichtsverhandlung, in der sich die beiden „Kampfhundehalter" aus Hamburg für den tödlichen Beißunfall verantworten mussten, fand nur ein mäßiges Echo in der Presse, man war zum nächsten Skandal übergegangen. Die unmöglichen Hundeverordnungen sind geblieben, die Narben auf der Seele vieler Hundehalter auch. Vor den Gerichten verlor die Wohnungsgenossenschaft ihre Klagen und viele Hunde durften bei ihren Menschen bleiben. Hundehalter mit nun als „Kampfhunden" gebrandmarkten Rassen hatten viel Geld für Wesenstests und Maulkörbe auszugeben, um ihren Hunden ein halbwegs erträgliches Leben zu ermöglichen. Die eigentlichen Verursacher des Dilemmas störten sich nicht an den Verordnungen, sie waren nach wie vor anscheinend nicht greifbar. Die Kampfhundszene war keine Schlagzeile mehr wert.

Ich bin jedoch den Menschen als verführbare Masse gegenüber sehr viel misstrauischer geworden, habe mit Erschrecken erlebt, wie einfach es ist, Menschen durch unsere modernen Massenmedien zu beeinflussen.

# Nicky, der Seehund

Mit Lisas Frauchen hatte ich schon so manches Mal im Spaß herumgerätselt, was denn nun alles bei der Entstehung unserer Hundemädels mitgemischt haben könnte. Sie waren durchaus eine recht eigene Mischung, die man nicht an jeder Straßenecke zu Gesicht bekam. Lisa und die ebenfalls recht große Balu konnten rein äußerlich einen Wolfshundeinschlag nun wirklich nicht verleugnen, auch Nicky hatte noch ein klein wenig davon abbekommen, auch wenn es bei ihr nur noch für die Miniausgabe gelangt hatte. Aber da sogar Mandy, die noch zierlicher ist als Nicky, in diese Kategorie eingeordnet worden war, mussten wir wohl von dieser Möglichkeit ausgehen. Aber was war noch in dieser spanischen Mixtur enthalten? Durch ihr Verhalten und die Liebe zum Wasser, flachsten wir herum, müsse es bestimmt Seehund, Otter oder Ähnliches gewesen sein. Tatsache war, dass sie in ihrem zweiten Sommer fast gar nicht mehr aus dem Wasser herauszubekommen war!

Nachdem sie Schwimmen gelernt hatte, perfektionierte sie in Windeseile ihre Schwimmtechnik und schwamm eleganter als Franzi von Almsick und schneller als Prinz, der bisher den Rekord auf der Oker im Lang- und Schnellschwimmen hielt. Selbst im Winter, der recht mild ausgefallen war, planschte sie mit Begeisterung in der Uferzone herum. Als dann die Frühlingssonne den Mai in einen Hochsommermonat verwandelte, gab es kein Halten mehr: es wurde angebadet!

Wir fuhren wie im Jahr zuvor an die ehemaligen Kieskuhlen und Badeseen und sofort war sie mit Begeisterung dabei, ein Stöckchen zu apportieren. Sie ließ sich sogar vom Ufer aus zum geworfenen Gegenstand hindirigieren, konnte sie doch die Worte „rechts" und „links" recht gut umsetzen. Dies war der Lohn des für uns alle

recht nervigen „Winkelgehens" in der Hundeschule, wo jede Wendung dem Hund auch angesagt wird. Sahen Passanten dem Schauspiel zu, waren sie verblüfft, wenn Nicky wie das Ungeheuer von Loch Ness mit ihrem langen schlanken Hals aus dem Wasser ragte, dabei auf der Stelle paddelnd und nach dem Stöckchen Ausschau haltend, auf unser Kommando die richtige Richtung einschlug.

»Sagen Sie bloß, der Hund kann rechts und links unterscheiden?«

Ja, Nicky war schon ziemlich pfiffig!

Im Laufe der warmen Jahreszeit fanden sich so nach und nach keine Stöcke mehr entlang der Oker, da alle Hunde einen gehörigen Bedarf daran hatten. Um die lästige Suche nach einem Stöckchen zu vermeiden, besorgten wir einen schwimmenden Ring aus Gummi, den wir ihr, bequem wie sie war, bis zum Wasser tragen durften. Kam sie in die Nähe des Wassers, wurde sie extrem hibbelig und aufgeregt, kreischte vor Freude und forderte mit Nachdruck, endlich hinter ihrem Ring her in die kühlen Fluten springen zu dürfen.

Bo hatte auch gerne gebadet, sich aber immer vorsichtig am Ufer heruntergelassen, um dann in aller Ruhe seinen Bauch und den Pöter unterzutauchen. Nicky vergaß alle jemals vorhandenen Ängste und sprang mit Anlauf und Freudenschreie ausstoßend mit einer echten „Arschbombe" vom leicht erhöhtem Ufer oder Bootsteg. Kam sie mit dem in Windeseile herausgeholten Gegenstand ans Ufer, konnte sie eine Wiederholung des Vorgangs kaum abwarten, es ging alles nicht schnell genug! Bei dieser Passion kannte sie keine Rücksicht, keine Erziehung, keine Freundinnen und Freunde. Sie sprang und machte auch mich pitschnass, um den Ring zu ergattern und war empört, wenn ich, da sie regelrecht überdrehte, das Spiel abbrach.

Schluss, aus, Ende!

So ging es nicht!

Ich packte den Ring in meine Tasche und würdigte sie keines Blickes mehr. So schnell, wie sie sich aufgeregt hatte, beruhigte sie sich wieder und nun verlegte sie sich aufs Betteln. Kam mit Hölzchen im Maul, um sie als Wurfgeschoss anzubieten, stellte sich mit fragendem Blick an die eine oder andere badegeeignete Uferstelle oder versuchte es mit diversen Beschwichtigungsgesten. Aber bis mein Ärger verraucht war, dauerte es, so dass sie schließlich nachgab und auf bessere Zeiten wartete. Immerhin sah ich aus wie aus dem Wasser gezogen! Was würde Aarons Frauchen jetzt wohl sagen, wenn sie mich so sehen könnte? Wie gut, dass sie nicht in der Nähe war...!

Mit den anderen Hunden veranstaltete Nicky regelrechte Wettschwimmen, dabei war sie so schnell, dass sie fast immer gewann. Und ganz so verrückt wie Nicky stellten die sich auch nicht an!

Prinz, mit dem sie nun im zweiten Sommer endlich doch Freundschaft geschlossen hatte, indem wir immer wieder mal mit beiden Hunden zusammen Gassi gegangen waren bis der alte Brummbär sich an die quirlige Hündin gewöhnte, zeigte ihr allerdings eine Disziplin, die sie ihm gerne überließ. Er schwamm Marathon mitten in der Oker, parallel des Weges. Dabei pustete und prustete er und hörte sich an wie ein Walross. Das erinnerte mich an meine Kindheit, als ich die tapferen Schwimmer im Freibad bewunderte. Vor meinem inneren Auge fehlten Prinz, wenn er aus dem Wasser stieg, nur noch der gestreifte Bademantel und die Badeschlappen... Nicky bewunderte das Schauspiel vom Ufer aus, zollte seinen Bemühungen den nötigen Respekt. Inzwischen mochte er Nicky so gern, dass er ihr imponieren wollte und schaute immer, ob sie auch wirklich zusah! Ohne Publikum hätte er sich nicht so anzustrengen brauchen! Ab und an holte er auch armdicke Äste aus der Oker und schleppte sie ans Ufer, wo er sie sich auf die Schulter lud, um damit anzugeben. Was für ein toller, starker Kerl er doch war! Nicky bestaunte ihn, versuchte aber nicht, es ihm gleichzutun. Prinz war für sie nach wie vor eine Respektsperson, auch wenn sie ihm nach und nach sogar schon ganz keck ins Gesicht tatzte und ihn mit Beschwichtigungsküsschen bei Laune hielt!

Als sich dann der Sommer dem Ende entgegenneigte, hatte sie anscheinend genug geschwommen. Lief sie im Herbst in die Uferzone, konnte ich sie ohne Probleme abrufen. Stiegen andere Hunde in ihrem Beisein ins Wasser, brauchte ich nur „Nein" zu rufen – sie blieb trocken. Sollte das Hundemädchen erwachsen geworden sein?

# In geheimer Mission

Nickys Kindheit und Jugend wurde begleitet von dem Interesse und der Anteilnahme aller „Patentanten". Nachdem Nicky die Klippen der Pubertät hinter sich gelassen hatte, konnte ich durchatmen und von Tag zu Tag mehr das Beisammensein genießen. Schon lange brauchte ich nicht mehr bei jedem entgegenkommenden Passanten um dessen saubere Kleidung zu fürchten. Ich konnte mich darauf verlassen, dass sie auf Ruf herankam und so bekam sie immer mehr Freiheiten, die auch ihr das Leben angenehmer machten. Die gute Erziehung zahlte sich aus – auch wenn sie von einem 100%ig parierenden Hund noch weit entfernt war. Aber für den Hausgebrauch klappte es prima und wir konnten uns überall sehen lassen. Wenn sich doch noch Fragen in Hinblick auf Erziehung ergaben, konnte ich mir jederzeit kompetenten Rat holen. Es war schön, sich bei dieser schwierigen Aufgabe nicht allein zu fühlen.

Auch meine Brieffreundin Regina, die wir im Herbst 99 besucht hatten, war natürlich an Nickys Werdegang interessiert. Ihr alter Flecki hielt sich tapfer und genoss seinen Lebensabend, doch im Mai 2000 machte auch er sich auf den Weg in den Hundehimmel. Wie gut konnte ich Regina in ihrem Kummer verstehen, war die Erinnerung an Bos Ende trotz aller Erlebnisse mit Nicky doch noch ziemlich frisch! Auch Regina hatte die Erfahrung machen müssen, was es heißt, einen Hundesenioren bis an sein Ende zu pflegen. Dies erforderte viel Kraft und seelische Stärke, denn neben all den gesundheitlichen Problemen des Hundes kommt eine gewisse Vereinsamung der Halter hinzu, denn der Hund braucht oftmals eine Rund-um-die-Uhr-Betreuung. An vielen Veranstaltungen kann und mag man nicht teilnehmen, weil man den Hund daheim allein lassen müsste, verbunden mit dem Gefühl, die noch verbleibende kurze Zeit nicht mit unwichtigen Dingen vergeuden zu wollen. Man mochte ihn nicht mal zum Einkaufen alleine lassen. So blieben Regina und ihr Mann nach Fleckis Tod mit ähnlich gemischten Gefühlen von Trauer und Erleichterung zurück, die auch wir ein Jahr zuvor durchlebt hatten.

Bei uns half  Nicky, wieder Freude am Leben zu finden – Regina jedoch hatte es schwer, ihren Mann, der gleichfalls sehr an Flecki gehangen hatte, davon zu überzeugen, dass ein anderer Hund die Leere füllen könne. Günter wollte so schnell keinen neuen Hund, zu sehr hatte er unter dem Abschied gelitten. Regina, die die ganze Woche über alleine war, da er im fernen München arbeitete und erst am Wochenende heimkam, war verzweifelt. Nach einigem Hin und Her durfte sie jedoch über den Sommer Hunde in Pension nehmen und sich so ganz nebenbei dadurch auch ein wenig Taschengeld verdienen. Aber ein fremder Hund bleibt ein fremder Hund – auch wenn er noch so nett ist! Günter wiederum ließ sich von keiner feuchten Hundeschnauze erweichen, fand durchaus auch an dem einen oder anderen Gast Gefallen, war aber nicht bereit, sein Herz wieder für einen neuen Familienhund zu öffnen. Ein Jahr wollte er ohne Hund bleiben. Mindestens!

Da Regina einsah, dass man als kluge Frau einen Mann niemals bedrängen darf, setzte sie auf weibliche Taktik und Verführungskunst: Nicky!

Wenn schon kein Hund ins Haus kam, so meinte sie, könne man ja wenigstens mal verreisen. Und ein Besuch in Norddeutschland sei doch schon lange im Gespräch gewesen. Günter hatte einen alten Marinekameraden in der Nähe von Hannover wohnen, der mit seiner ganzen Familie bereits lange auf einen Gegenbesuch wartete. Die Expo lockte, und dann könne man doch auch nach Braunschweig fahren!

So war es also wiederum September, als unser Besuch aus Bayern eintraf. Ich hatte Nicky schon vorher instruiert, ganz besonders nett zu Günter zu sein. Er sollte durch sie ganz bewusst erfahren, wie schön das Leben auch mit einem „Nachfolger" sein kann. Dass wir nicht weniger um Bo getrauert hatten als er um Flecki, glaubte er wohl schon. Aber er konnte sich kaum vorstellen, wieder für einen anderen Hund offen zu sein, ihn so lieb zu gewinnen wie seinen alten Freund. Nun kam es auf Nicky an, Günter so zu bezirzen, dass er sich nichts sehnlicher wünschte, als auch wieder so ein liebes Hundchen zu haben.

Wir hätten es Nicky gar nicht zu erklären brauchen, denn kaum waren die beiden Reisenden eingetroffen, baute Nicky eine Batterie Spielzeug auf und fing an, Günter nach allen Regeln der Kunst zu „bespielen". Der ließ sich schnell in ihr Spiel einwickeln und war von diesem Moment an der absolute Favorit unserer Maus. Morgens konnte sie es kaum abwarten, in das Gästezimmer zu stürmen und ihn aus dem Bett zu holen. Regina war ganz glücklich über diese Entwicklung, insgeheim hoffte sie inständig, dass Nicky das Wunder vollbringen würde. Wir waren schon sehr froh, dass die beiden solch einen

„Draht" zueinander hatten, mussten nun aber abwarten, wie sich die Dinge entwickeln würden.

Auch mit Jutta und Prinz machten wir unsere Gäste bekannt, gemeinsam spazierten wir an der Oker entlang und Prinz konnte zeigen, was für ein toller Bursche er war. Auch von ihm ließ Günter sich mühelos zum Mitspielen animieren. Unvorstellbar, dass er keinen neuen eigenen Hund wollte!

Sepp hatte sich einen Tag frei genommen, um unserem Besuch den Harz zeigen zu können (an den Wochenenden war es dort zu voll). So packten wir unseren Korb mit allerlei Proviant und machten einen Ausflug. Wir zeigten ihnen im Vorbeifahren vom Torfhaus aus den Brocken, wir erwanderten den Achtermann, fuhren nach Thale und präsentierten den Hexentanzplatz. Ja, mit solchen Bergen hatten die beiden hier bei uns im „Flachland" nicht gerechnet!

Nicky genoss den Ausflug! Zum einen liebte sie Autofahrten und davon bekam sie ausreichend, zum anderen konnte sie (angeleint zwar) unterwegs herrlich mit Günter Stöckchen spielen, die hier im Gegensatz zur Oker daheim in großer Anzahl herumlagen und nach denen er genauso wie Nicky Ausschau hielt.

Wir hatten schöne Tage zusammen und bevor Regina mit Günter heimfuhr, war sie nun doch  recht zuversichtlich. »Das war doch toll, wie er mit Nicky gespielt hat. Er war ja richtig vernarrt in den Hund. Ich bin ja gespannt, was nun wird!«

Ich drückte ihr von ganzem Herzen die Daumen! Noch ein halbes Jahr länger konnte Regina nicht warten, das hatte ich deutlich gespürt. Aber auch uns gegenüber hatte Günter sich so ablehnend geäußert, wie es Regina mir bereits berichtet hatte.

Nein! Noch nicht!

Wie kann ein Mann nur so stur sein!

Einige Zeit verging, der Alltag war wieder eingezogen und Nicky musste lernen, dass man nicht rund um die Uhr Bällchen oder Stöckchen spielen kann. Sie hatte nach der Abreise die Hoffnung gehegt, es würde nun immer so sein, dass sie den ganzen Tag nach Herzenslust flitzen könne. Jetzt war sie sehr enttäuscht, dass wir das nicht mitmachten! Da hatte Günter ja etwas angerichtet! Reineweg ballverrückt und Stöckchen-fixiert war sie! Aber der gute Zweck heiligte die Mittel, daher akzeptierten wir diese neue Marotte und arbeiteten daran, alles wieder auf ein normales Maß zurückzuschrauben.

In Straubing arbeitete Regina zielstrebig am Projekt „Neuer Hund". Regelmäßig ging sie, wie auch schon lange Jahre vorher, mit Hunden aus dem Tierheim Gassi. Dabei war ihr ein besonders schöner schwarzer Mischling aufgefallen, der ihr gut gefiel. Allerdings größer, als sie es sich vorgestellt hatte, auch schon etwas älter, aber sehr lieb und zutraulich. Günter war immer noch ablehnend, ließ sich allerdings nach einem gemeinsamen Spaziergang mit Picknick dann doch zu einem Probewochenende überreden. Regina war überglücklich, sollte es nun vielleicht klappen?

Das Wochenende verlief gut und Günter war am Montag früh fast überzeugt, dass Rex, so hieß der Hund, bleiben könne. Da passierte es: Rex sah eine Katze, setzte über den niedrigen Gartenzaun und verschwand! Das war's dann gewesen! Günter zog seine Zustimmung zurück, nachdem der Hund wieder wohlbehalten eingefangen war, und Rex musste zurück ins Heim.

Regina war verzweifelt. Wir hatten natürlich aus der Ferne an allen Entwicklungen Anteil genommen, daher versuchte ich ihr Mut zu machen:

»Wer weiß, wozu es gut war? Vielleicht war er einfach nicht der richtige Hund für euch? Und wenn Günter nicht mit ganzem Herzen dahinter steht, wird das sowieso nichts!«

So sah Regina es auch und akzeptierte schweren Herzens seine Entscheidung. Rex fand kurze Zeit später eine gute neue Familie, das machte es für Regina einfacher.

Und dann, nach einigen Wochen, bekam ich einen jubelnden Brief:

»Wir haben eine kleine Hündin bei uns, Lena heißt sie und ist ein Fundhund.«

Ich rief sofort an, das wollte ich genauer wissen, ich konnte das kaum glauben, sollte es wirklich geklappt haben?

»Im Prinzip ja, aber an der Sache ist noch ein Haken. Die kleine Hündin hat es übrigens Günter bei einem Tierheimbesuch sofort angetan. Sie war erst seit kurzem dort. Es besteht die Möglichkeit, dass der alte Besitzer sich noch meldet und Anspruch auf den Hund erhebt. Vorerst könnten wir den Hund nur zur Pflege bekommen und dann unter Vorbehalt, erst nach einem halben Jahr wäre sie unser Hund« erzählte Regina ganz hin- und hergerissen darüber, ob sie sich schon freuen sollte oder nicht.

»Aber darauf wollen wir uns einfach mal einlassen, sie ist ja so eine liebe kleine Hündin!«

Einige Zeit verging – die Frist, in der die Hündin nur in Pflege war, verstrich; ein Vertrag konnte geschlossen werden. Jetzt war Lena – wenn halt auch nur unter Vorbehalt – Reginas und Günters Hund. Bis April nächsten Jahres mussten sie noch zittern und bangen, aber die Aussicht, dass sich jemand melden und Ansprüche auf die Hündin erheben würde, waren auch nach Meinung der Tierheimleitung äußerst gering.

Wir freuten uns von ganzem Herzen mit dem kleinen gemischten Rudel, war doch Reginas größter Wunsch endlich in Erfüllung gegangen. Günter war von Anfang an ganz verliebt in die kleine Hündin. Selbst der gute alte Flecki hätte die Hündin bestimmt eher als Nachfolgerin akzeptiert als den großen Rex, der als Rüde wahrlich nicht seinen Beifall gefunden hätte. Auch die Tatsache, dass Lena in etwa so alt zu sein schien wie Nicky, war positiv. Da hatten die beiden noch viel Zeit mit ihr vor sich; nochmals einen älteren Hund zu pflegen, hätte zu diesem Zeitpunkt ihre Kräfte überfordert.

Ich fand es recht interessant, auf den Fotos, die nun großer Zahl in Begleitung von wieder viel fröhlicher klingenden Briefen bei uns eintrafen, zu sehen, dass Lena ebenfalls ein (allerdings glatthaariges) dunkles Fell und helle Pfoten hatte und ebenso schlank und apart aussah wie Nicky. Sollte Nickys „geheime Mission" ein voller Erfolg geworden sein?

# Fienchen ist weg

Es waren Herbstferien, draußen war es inzwischen herbstlich kühl und feucht. Nicky und ich hatten gerade unsere Mittagsrunde entlang der von Wiesen und Weiden gesäumten Oker begonnen, als uns ein junges Mädchen einholte und völlig aufgelöst fragte, ob wir Fienchen gesehen hätten. Fienchen, eine ca. halbjährige kleine Mischlingshündin, hatte schon mehrmals mit Nicky gespielt.

Erst einmal versuchte ich das Mädchen zu beruhigen, denn sie schien sehr verzweifelt zu sein. Dann ließ ich sie erzählen, wie es zum Verschwinden der kleinen Hündin kam.

»Sie ist beim Spaziergang auf einer Weide herumgelaufen und als ich weiter ging in der Hoffnung, Fienchen würde gleich kommen, hat sie wohl die Gelegenheit genutzt und ist einfach verschwunden. Das ging alles so schnell, eben war sie noch da und nun ist sie weg!«

Das junge Mädchen hatte bereits den ganzen Uferweg abgesucht, sich dabei fast heiser gerufen und war inzwischen der Verzweiflung nahe. Auch Nicky und ich schauten nun voller Aufmerksamkeit auf die Weiden und in die Uferzone, immer in der Hoffnung irgendwo ein fröhlich wedelndes Hundeschwänzchen zu entdecken. Aber nichts zu sehen! Die Pferde, Kühe und Schafe grasten friedlich; kein vorwitziger kleiner Hund machte sich einen Spaß daraus, sie zu necken.

Aus meiner Erfahrung wusste ich, dass man am besten an der Stelle, an der man den Hund verloren hat, auf ihn warten sollte. Es besteht aber auch die Möglichkeit, dass der Hund im vertrauten Gelände selbständig den Weg nach Hause findet. Das hatte auch Nicky getan, als sie das erste und einzige Mal auf der Jagd nach einem Hasen, der bei uns in der Siedlung lebt und alle Hunde ringsum zum Narren hält, davongelaufen war. Mein Mann fand sie wenig später aufgebracht vor unserer Haustür sitzend, mit der Pfote gegen die Tür tapsend und Einlass begehrend! Als ich dies dem jungem Mädchen erzählte, wollte sie mir nicht glauben.

»Fienchen kann doch gar nicht nach Hause, da muss sie doch mindestens zwei gefährliche Straßen überqueren!«

Und schon liefen wieder die Tränen. Wie gut ich sie verstehen konnte. Fienchen war doch noch so jung! Aber so sehr wir auch suchten und riefen – keine Fienchen weit und breit!

Ich schickte das Mädchen schließlich heim, insgeheim in der Hoffnung, dass Fienchen dort schon wohlbehalten warten würde.

»Pass mal auf, du holst jetzt dein Fahrrad und dann suchen wir gemeinsam hier den ganzen langen Weg ab. Nicky und ich gehen weiter hier entlang und schauen, ob wir sie nicht vielleicht doch sehen.«

Auch wenn sie kaum noch Hoffung hatte, ihre kleine Hündin wiederzusehen, machte sich das Mädchen auf den Heimweg, um das Rad zu holen.

Nicky hatte den Ernst der Lage scheinbar nicht begriffen und versuchte ständig, mich zum Spielen zu animieren. Was für ein blödes Gassi! So hatte sie sich das nicht gedacht. Da ich morgens gründlich gesaugt und geputzt hatte, war sie eh schon gelangweilt und verärgert über diesen höchst unerfreulichen Tag. Kein anderer Hund weit und breit und Frauchen dann auch noch so seltsam und mit den Gedanken überall, nur nicht bei ihrer Nicky!

Da wir Fienchen auch auf dem weiteren Abschnitt nicht fanden, hielt ich auf dem Rückweg zum Treffpunkt einen entgegenkommenden Radfahrer an und fragte ihn nach einem kleinen herrenlosen Hund. Aber auch er hatte nichts gesehen, meinte, einen auf den Weiden laufenden Hund hätte er ganz bestimmt bemerkt. Das Problem kam ihm bekannt vor, er hatte einmal eine Afganenhündin besessen, die des öfteren für einige Zeit verschwunden war.

Ja, nun blieb nur noch die Hoffnung, dass Fienchen wirklich so schlau war, wie ich vermutet hatte! Wo hätte man sonst noch nach ihr suchen sollen? Weit konnte sie nicht laufen, die meisten Weiden waren gut eingezäunt und gegen vorwitzige Hunde gesichert, auf der anderen Seite des Weges begrenzte der Fluss den Aktionsradius. Sie würde sicher auch in erster Linie die ihr vertrauten Strecken laufen und große Abenteuerlust traute ich ihr einfach nicht zu, dazu war sie vielleicht auch noch zu jung.

Langsam fing ich an, mir Sorgen zu machen. War sie vielleicht doch über das nahe Wehr gelaufen und dann in Richtung Bahndamm? Dort hatten leider schon einige Hunde bei der Kaninchenjagd ihr Leben gelassen…

Endlich kam mir das junge Mädchen auf dem Rad entgegen, glücklich strahlend! Natürlich hatte Fienchen heimgefunden und sie dort schon erwartet! Kein Auto hatte sie verletzt, kein Stacheldraht geschrammt.

Allerdings gab es nun ein neues Problem: Die Mutter des Mädchen war jetzt auf der Suche nach ihrer Tochter, nachdem der Hund alleine nach Hause kam! Aber diese Angelegenheit löste sich schnell ohne Tränen und Sorgen. Auch Nicky fand noch auf dem Heimweg eine Spielkameradin, mit der sie nach Herzenslust toben konnte.

Was aber blieb, war Fienchens Abenteuerlust, die immer wieder mit ihr durchging und sie in so manche gefährliche Situation brachte, aus der ihr wohl nur eine doppelte Anzahl von Schutzengeln heraushalf. Wenn ich von Fienchens immer neuen Extratouren hörte, war ich um so erleichterter, dass Nicky so brav war.

# Montag, der dreizehnte

Es war November geworden, der Monat im Jahr, den ich am meisten fürchte; ist es doch der Monat, in dem es oft neblig und trüb ist und einem die Vergänglichkeit des Lebens in aller Deutlichkeit bewusst wird.

In diesem Jahr war es bisher noch nicht richtig kalt geworden, eine schwül-warme Witterung hatte uns nach dem nass-kalten Sommer einen langen Herbst beschert. Nicky und ich genossen lange Gassirunden und ich war überaus glücklich mit unserer nun fast erwachsenen Hundedame. Ein Spaziergang mit ihr war endlich so entspannend wie früher die Runden mit Bo in seinen besten Jahren. Man konnte sich gut auf sie verlassen, wusste genau, wann sie eventuell einer aufregenden Spur nachlaufen würde oder Ansätze zur Kaninchenjagd machte – für sie wohl mehr die Freude am Wettrennen als echter Jagdeifer. Mit etwas Vorausschau und Kenntnis der Umgebung ließ sich eine gefährliche Situation immer frühzeitig abwenden. Meine größte Sorge war, dass sie blind vor Wonne im Geschwindigkeitsrausch vor ein Auto laufen könnte. Auf diese Weise waren in den letzten Jahren schon einige Hunde auf unserer belebten Hauptstraße ums Leben gekommen. Daher hatte ich voll Freude zur Kenntnis genommen, dass Nicky wenig Interesse an einer „richtigen" Jagd hatte, wenn man ihr statt dessen einen Ersatz in Form des Wurfballs („Kong" an einer Schnur) anbot. Hatte ich ihren Kong dabei, konnte ich sicher sein, dass sie mich nicht aus den Augen ließ, immer sorgsam darauf bedacht, mich daran zu erinnern, dass wir doch noch spielen wollten. Dann hatte sie kaum Interesse daran, mit anderen Hunden zu spielen – ihr liebstes Spielzeug war ihr wichtiger. Lief sie doch einmal weiter weg als ich es wünschte, brauchte ich nur in meine Tasche zu greifen – schon stand sie erwartungsfroh vor mir. Kurz und gut, sie war auf dieses Spielzeug recht fixiert und ich nutzte dies natürlich für meine Zwecke. Dass es dadurch einmal zu einem furchtbaren Unglück kommen sollte, hätte ich mir nicht träumen lassen…

An diesem Montag, es war der dreizehnte November, hatte ich schon frühmorgens das Gefühl, es würde ein Tag werden, den man besser im Bett verbringen sollte. Nicht, dass ich abergläubisch war, nein, ich hatte schon beim Aufstehen rasendes Kopfweh. Seit dem Sommer plagte mich häufiger eine Art Migräne, die besonders an schwül-warmen Tagen auftrat. Auch dieser Tag war relativ mild, dabei aber grau und trüb. Aber liegen zu bleiben konnte ich mir nicht leisten – also hieß es, den Tag tapfer zu überstehen. Mittags kam Sepp nach Hause, da er nach dem Mittagessen mal wieder für knapp drei Tage auf Dienstreise gehen sollte. Das kannten Nicky und ich schon, das war inzwischen fast zur festen Einrichtung geworden.

Um Nicky eine Freude zu machen, wollte ich mit ihr am Nachmittag einen besonders schönen Spaziergang machen, arbeiten konnte ich mit dem Brummschädel sowieso nicht. Natürlich packte ich auch den dicken Kong mit ein. Voller Vorfreude lief sie mit mir so schnell es möglich war entlang der Oker in Richtung Festplatz, wo sie auf der großen Rasenfläche nach Herzenslust flitzen und sich austoben sollte. Man sah ihr an, dass ich für ihre Begriffe mal wieder ziemlich lahm war!

Als wir den Platz erreichten, trafen wir auf Christine und Waldo, die dort mit dem Clicker trainierten. Waldo war für Nicky nach wie vor ein kleiner Gott, dem sie bei jeder Begegnung ihre Referenz erweisen musste. Er ließ sich ihre stürmische Begrüßung gefallen, zeigte aber auch wie lästig ihm das im Grunde seines Herzens war.

Christine und ich begrüßten uns ebenfalls, wir hatten uns einige Zeit nicht gesehen. Mit dem Ende des Sommers hatten wir die Hundeschule verlassen, denn es lief inzwischen auch ohne Training recht gut mit unserer Maus. Die Feinheiten und letzten Kniffe, die bei ihr natürlich zu einem gut ausgebildeten Hund immer noch fehlten, wollten wir eventuell im kommenden Frühjahr nachholen. Auf einen weiteren Winter auf dem Hundeplatz konnten wir gut verzichten.

Nach der Begrüßung kam Nicky relativ schnell zur Sache, sie verlangte nach dem versprochenen Spiel. Die Freude wollte ich ihr gerne machen, ich fragte Christine, ob es o.k. wäre, wenn ich mit Nicky spielte. Da Waldo diese Beutespiele inzwischen nicht mehr so liebte, gab sie mir grünes Licht. Bisher hatten wir oft neben anderen Hunde gespielt, es gab bislang noch nie Probleme. Rein theoretisch wusste ich um die Gefahr, die ein Spielzeug auslösen konnte, wenn mehrere Hunde auf einem Platz sind. Man hatte es uns in der Hundeschule erklärt, aber die vielen Gelegenheiten, bei denen Nicky im Beisein von andern Hunden (sogar dem dominanten Prinz) unbehelligt mit ihrem Wurfball gespielt hatte, ließen mich sorglos werden. Meist war es so, dass nur der Hund, dessen Herrchen oder Frauchen geworfen hatte, dem Spielzeug auch nachlief. Der andere Hund schaute brav zu. Nicky hatte sich auch immer von älteren oder dominanteren Hunden anstandslos ihr Spielzeug abnehmen lassen. Mit gleichrangigen Hunden ergab sich so ein wildes, fröhliches Spiel, bei dem es keine Sieger oder Verlierer gab. So hatte ich auch keinerlei Arg, als eine weitere Bekannte mit ihrer wohlerzogenen Hündin den Platz betrat. Diese hatte sich bisher Nicky gegenüber zwar dominant verhalten hatte, war aber noch nie negativ aufgefallen.

Wie es auch immer dazu kam – ich kann es nicht sagen, denn es ging nun alles blitzschnell.

Ich wollte mich gerade nach dem Kong bücken, da schoss die fremde Hündin an mir vorbei und Nicky und sie waren sofort in einen wilden Kampf verwickelt. Wir standen alle ganz verdattert daneben, damit hatte keiner gerechnet. Vielleicht sahen die beiden anderen Frauen das Unheil eher kommen? Aber so schnell, wie sich die Situation entwickelt hatte, wäre keine Zeit gewesen, mich zu warnen oder daran zu erinnern, das Spielzeug einzustecken.

Relativ zügig konnten wir die Hunde trennen und auf den ersten Blick waren sie unverletzt. Es war ein wenig Fell durch die Luft geflogen, aber man sah nirgends Blut. Nicky stand heftig atmend neben mir, schaute mich an und da sah ich das Unglück: sie hatte oberhalb der linken Augenbraue einen mächtigen Dreizack, durch den es hell schimmerte. Da kein Blut floss, sah die Wunde nicht allzu schlimm aus, aber tief im Inneren wusste ich sofort: das sieht nicht gut aus, dass muss genäht werden! Als ich dies den beiden Frauen sagte, meinten die erst:

»Na, so schlimm ist das sicher nicht. Da müssen vielleicht die Haare ringsum ein wenig geschnitten werden und dann heilt das schon wieder«, waren aber wie ich der Meinung, dass es gut wäre, zum Tierarzt zu fahren. Bisswunden sollten ja generell vom Fachmann untersucht und gereinigt werden, denn oftmals entwickeln sich unter oberflächlich kleinen Wunden durch die Fangzähne große und tiefe infizierte Wunden, die auch sehr schmerzhaft und gefährlich sind.

Mir kam alles vor wie ein Déjà vu – vor einigen Jahren hatte ich fast am gleichen Tag am gleichen Ort mit Bo eine Beißerei im Beisein von Christine und Waldo erlebt. Auch damals war Sepp auf Dienstreise gewesen und ich mit dem Hund, der damals von einem kräftigen Hovawart einen Biss ins Hinterbein bekommen hatte, alleine.

Christine bot sich an, mich mit ihrem in der Nähe geparkten Auto bis nach Hause zu fahren, damit wir von dort dann zur Tierärztin fahren konnte. Vom Handy aus kündigten wir uns schon in der Praxis an.

Bisher war ich selten nachmittags im dichten Feierabendverkehr gefahren. Autofahren gehörte nach wie vor nicht zu meinen Lieblingsbeschäftigungen, aber im Augenblick war es nur wichtig, Nicky schnell zur Ärztin zu bringen. Mit meinem Brummschädel wäre ich normalerweise auch nie gefahren – aber ich wollte auch niemand anderes bitten, uns zu fahren. Wozu hatte ich denn den Führerschein gemacht, wenn nicht für eben solche Situationen?

Ich zog schnell eine andere Jacke an, steckte das Portemonnaie und die Papiere ein und packte Nicky ins Auto. Sie saß brav angeschnallt auf dem Rücksitz und sagte keinen Mucks.

Ob sie unter Schock stand? Die Wunde blutete immer noch nicht, aber der Hautlappen war jeweils gut einen Zentimeter an zwei Seiten eines Dreiecks aufgerissen. Beim genaueren Hinsehen wurde mir ganz schlecht… Nun aber schnell zur Praxis!

Mein Stoßgebet wurde erhört, mein Schutzengel machte die sonst belebte Bundesstraße relativ frei und wir kamen sicher an. Das Wartezimmer war proppevoll, wie fast immer um diese Zeit. Es war halb fünf und nun kamen alle Berufstätigen zur Sprechstunde. Nicky verkroch sich gleich unter die Sitzbank und verhielt sich ganz ruhig. Bald darauf wurden wir auch schon als Notfall hereingerufen. Die junge Assistenzärztin besah sich die Wunde und meine:

»Das kann ich nicht ohne Betäubung nähen, das muss auch gründlich gereinigt werden.«

Die Tierärztin, die nebenan im zweiten Raum ebenfalls eine Behandlung durchführte, kam kurz hinzu und bestätigte dies. Wie gut, dass Nicky mittags ihr Futter nicht angerührt hatte, weil ihr Herrchen die Reisetasche gepackt im Flur stehen hatte. So war eine kurze Narkose relativ gut durchzuführen. Nicky bekam eine Spritze in die Vene der linken Vorderpfote und schon fiel sie in meinen Armen in einen tiefen Schlaf.

»So, jetzt können Sie erst mal gut eine Stunde weggehen. Holen Sie die Süße doch dann hier wieder ab, ja?«

Jetzt wieder nach Hause fahren? Draußen war es inzwischen dunkel geworden und hatte angefangen zu regnen. Ich merkte nun erst, wie fix und fertig ich war. Meine Hände zitterten und im Bauch war ein ganz flaues Gefühl. Eine Stunde im Wartezimmer wollte ich nicht sitzen. Ich entschloss mich, ein nahegelegenes Einkaufzentrum aufzusuchen um dort ein wenig Ablenkung zu suchen.

Die Stunde kam mir elendig lange vor. Einzukaufen brauchte und wollte ich nichts, nur ein trockenes Brötchen gegen das Hungergefühl im Magen besorgte ich mir, aß es dann aber doch nicht. Ich stöberte kurz durch einen Modemarkt. Was tat ich da eigentlich? Alles was ich wirklich wollte, war, meine liebe Maus gesund und munter wieder bei mir zu haben! Voll innerem Aufruhr fuhr ich zurück zur Praxis, um dort in ihrer Nähe zu warten.

Ich war kaum im Wartezimmer, da wurde ich hereingerufen. Nicky war gerade erwacht. Sie lag im zweiten Behandlungsraum in der Ecke auf einem Handtuch und blinzelte mich verschlafen an. Bei ihrem Anblick bekam ich einen Schock: man hatte ihr die gesamte Stirn inklusive der buschigen Augenbrauen rasiert und mit einer Art Silberspray eine Schramme, die quer verlief, eingesprüht. Die Wunde war inzwischen dick angeschwollen und genäht, es sah gespenstisch aus. Wie ein Boxer nach dem Fight, als ob sie einen dicken Faustschlag aufs Auge bekommen hätte. Als sie mich sah, wedelte sie mit der Schwanzspitze und versuchte sich zu erheben, war aber noch nicht fit genug. Ich sollte mich noch ein wenig neben sie hocken und abwarten, bis sie wieder richtig wach wäre. So verfolgte ich, während ich Nicky streichelte und tröstete, die Behandlung eines Meerschweinchens mit Penisvorfall. Was es alles so gibt! Im Nebenraum wurde ein Kaninchen mit einer Verletzung am Auge versorgt – auch diese possierlichen Tierchen prügeln sich ganz gerne, wie ich hören konnte.

Im Schlaf hatte Nicky Urin verloren, nun lag sie da in ihrem Malheur und es war ihr sichtlich unangenehm. Mir auch, denn dies bedeutete auch noch zusätzliche Arbeit für das Praxisteam. Aber die liebenswürdige Helferin beruhigte mich und gab mir Papiertücher zum Auftupfen. Dann endlich war Nicky transportfähig und wir konnten heim. Am übernächsten Tag sollten wir zum Nachsehen kommen.

Genau wie die Hinfahrt war auch die Rückfahrt problemlos, auch wenn eine Fahrt bei Dunkelheit und Regen über Land für mich absolut ungewohnt war. Aber wenn man muss, kann man vieles! Wie glücklich war ich, als wir wieder daheim waren. Nicky legte sich sofort auf ihren Lieblingsplatz auf dem Sofa und schlief wieder ein.

Ich hatte einen Plastikkragen mitbekommen, um zu verhindern, dass sie sich die Wunde aufkratzt. Den sollte ich ihr umlegen. Da sie schlief, verschob ich diese Aktion erstmal auf später. Um endlich selber zur Ruhe zu kommen, machte ich mir Abendbrot. Appetit hatte ich wenig, der Schreck saß mir in den Gliedern. Ein Glas Wein beruhigte die Nerven. Dann versuchte ich, Sepp auf seinem Handy zu erreichen.

»Der gewünschte Teilnehmern ist zur Zeit leider nicht erreichbar!« säuselte mir eine Computerstimme ins Ohr. Verfixt! Immer wenn man ihn braucht, war er nicht da!

Ich versuchte es bei Jutta, dem Frauchen von Prinz – Fehlanzeige. Niemand daheim! Schließlich erreichte ich Toskas Frauchen, mit der wir seit einiger Zeit gut befreundet waren. Irgend jemandem musste ich von meinem schrecklichen Erlebnis erzählen. Birgit hörte mir zu und tröstete, so gut es ging. Wichtig war mir einfach das Gefühl, mit der ganzen Sorge und dem Schrecken nicht alleine zu sein. Viel später erreichte ich Sepp dann doch, allerdings war er im Restaurant und daher recht kurz angebunden. Innerlich war ich am Kochen! Ich fühlte mich so einsam und verraten in meiner Sorge um Nicky!

Die lag immer noch auf dem Sofa und schaute ganz unglücklich aus den verquollenen Augen. Meine liebe, schöne Nicky! Was für ein Anblick! Hoffentlich verheilte die Wunde gut. Die Ärztin hatte erwähnt, dass in ca. einer Woche die Fäden gezogen werden könnten. Dann wäre an ihrem Geburtstag am ersten Dezember alles wieder gut!

Kurz vor zehn Uhr hatten wir noch unseren allabendlichen Termin mit Prinz für die letzte Gassirunde, auf die sich beide Hunde inzwischen immer sehr freuten. Nicky ließ sich trotz des lädierten Kopfes diese Runde nicht nehmen. Prinz zeigte sich richtig besorgt über Nickys Verletzung und behandelte sie viel vorsichtiger als sonst. Nicky zeigte keinerlei Ängste, anscheinend hatte die Beißerei bei ihr nicht zu einer Angst vor größeren Hunden geführt. Wenn sie jetzt auch noch ein Trauma nach dieser unschönen Geschichte bekommen hätte, stünde uns eine schlimme Zeit bevor. Aber sie hatte offenbar gar nicht richtig mitbekommen, was da eigentlich passiert war… Jutta erschrak, als sie Nicky sah, dabei war im Schein der Laterne das ganze Ausmaß der Wunde noch gar nicht richtig zu erkennen.

Vorm Schlafengehen zog ich Nicky über alle Pfoten kleine Kinder-söckchen, die wir nach den diversen Pfotenverletzungen inzwischen immer in größerer Menge vorrätig haben. Vielleicht ließ sich damit ja der fürchterliche Kragen umgehen? Sie legte sich brav auf ihr Nacht-lager neben mein Bett und ich versuchte, auch ein wenig zu ruhen. An Schlaf war nicht zu denken, immer lauschte ich, ob sie nicht doch kratzte. Vor meinem inneren Auge sah ich die Wunde riesengroß auf-gekratzt. Schließlich stülpte ich ihr doch den Kragen über. Sicher ist sicher! Sie ließ es geschehen und lag ganz still.

Dann stand sie auf.

Bum! Sie war mit dem Kragen gegen die Wand gestoßen. Dadurch geriet sie förmlich in Panik und ich legte das Teil wieder beiseite.

Also kein Schlaf. Auch gut.

Für den nächsten Vormittag hatte ich einen Fototermin auf einem Reiterhof. Ich sollte ein Pferd fotografieren, um es anschließend in Pastellkreide zu verewigen. Der Termin war schon länger vereinbart worden, allerdings hatte ich vergessen, mir die Telefonnummer mei-nes Auftraggebers geben zu lassen. So konnte ich nicht absagen oder den Termin verschieben. Was sollte ich mit Nicky machen, wenn ich unterwegs war? Allein daheim zu bleiben war in diesem Zustand un-möglich! Ich wälzte mich unruhig hin und her und hoffte inständig, dass diese Nacht bald vorbei wäre.

Was für ein Tag! Und dann noch ein dreizehnter.

Na, kein Wunder!

# Ende gut, alles gut

Der Dienstag begann mit bleierner Müdigkeit beim Weckerklingeln, geschlafen hatte ich kaum. Nicky hatte ganz brav gelegen und keinerlei Anstalten gemacht, die Verletzung auch nur zu berühren. Bestimmt hatte sie große Schmerzen und war froh, wenn sie nicht gegen die inzwischen noch mehr angeschwollene Wunde kam. Ansonsten war sie wie immer fröhlich und lieb und es schien ihr seelisch besser zu gehen als mir. Sie verrichtete ihr morgendliches Geschäft sogar auf einer Gassirunde, was dafür sprach, dass sie nicht vor Angst bebend die Welt vor der Tür ablehnte. Wir trafen einige Hunde in Begleitung ihrer Halter und alle zeigten sich sehr erschreckt über Nickys Verletzung. Immer wieder musste ich erzählen, wie es dazu gekommen war und ich versuchte so fair wie möglich zu sein, denn der Auslöser war nun mal das Spielzeug gewesen und die falsche Einschätzung der Situation und nicht eine gefährliche oder gar bissige andere Hündin. Die Schwere der Verletzung war von der anderen Hündin sicherlich nicht beabsichtigt gewesen, es war alles in allem eine Verkettung vieler ungünstiger Zufälle. Nicky bekam viel Mitgefühl zu spüren, es tat allen so leid, dass gerade diese liebe Hündin, die dafür bekannt war, niemandem etwas Böses zu tun, so leiden musste.

Nach der Gassirunde war es Zeit für meinen Fototermin. Nach langen Überlegungen in der Nacht hatte ich beschlossen, Nicky einfach mitzunehmen, um sie beobachten zu können. Ich wusste zwar nicht, ob die Situation auf dem Hof es erlaubte, sie an einer ruhigen Stelle abzulegen, aber ich ging davon aus, dass es mit den Fotos schnell gehen würde. Also stieg Nicky mal wieder ins Auto und wir fuhren ins Nachbardörfchen.

Auf dem Hof konnte ich Nicky anbinden, sie schaute ganz interessiert zu, wie ich das wunderschöne Pferd ablichtete. Mein Auftraggeber hatte nichts dagegen gehabt und auch der Hofhund hielt sich in einiger Entfernung und ließ meine liebe Maus in Frieden. Auf Gesellschaft eines fremden Hundes konnte sie heute sicher verzichten. Erst beim Weggehen kam der Hofhund heran, um Nicky zu beschnüffeln, verzog sich aber schnell, als er ihren Geruch nach Medizin und Wundsekret in die Nase bekam.

Daheim angelangt war ich total müde und ausgelaugt. Jetzt eine Runde Schlafen... Aber daran war nicht zu denken, es lag noch einiges an Arbeit auf meinen Schreibtisch, die sich leider nicht von selber tat. Irgendwann im Laufe des Tages rief Christine an, um sich nach Nicky zu erkundigen und war ganz erstaunt, dass die Verletzung doch so schlimm war.

» Das hatte ich gar nicht so gesehen, ich dachte noch, es wäre nur ein Kratzer gewesen.«

Wenn es mal nur ein Kratzer gewesen wäre!

Am Mittwochvormittag fuhren wir zum Nachsehen zur Tierärztin, die Wunde wurde begutachtet und versorgt. Alles schien in bester Ordnung. Die Schwellung war zwar stärker, als die Ärztin gehofft hatte, aber das würde sich auch bald wieder verlieren. Wenn alles so weiter heilen würde, könnte man in der nächsten Woche die Fäden ziehen. Bis dahin sollte ich die Wunde mit einer Salbe versorgen und darauf achten, dass sie nicht daran kratzt. Als ich von den Babysöckchen berichtete, die ich Nicky nun zum Schutz daheim überzog, schaute mich die Ärztin ein wenig seltsam an. Sie konnte kaum glauben, dass Nicky nach einer Ermahnung bisher jeden Versuch zum Kratzen unterlassen hatte. Aber es war wirklich so, Nicky war eine Musterpatientin. Wenigstens hier gab es keine Komplikationen.

Im Laufe des Donnerstags gab es eine Veränderung an der Wunde, sie fing an zu nässen und sonderte Sekret ab. Der obere Teil des losen Hautzipfels stand etwas ab und so klaffte nun eine kleine offenen Stelle. Beim Nachmittagsgassi konnte ich es nicht vermeiden, dass wir andere Hunde trafen, die unangeleint natürlich herankamen, um Nicky zu begrüßen und ihre dicken Nasen natürlich auch in Richtung Wunde streckten. Ich machte mir Sorgen, dass sich die Wunde infizieren könnte, immerhin war sie leicht zugänglich für allerlei Keime. Spielen war strengstens untersagt, Nicky war an der Leine und so musste es auch noch einige Tage bleiben, bis die Wunde gut verheilt war. Eine schwere Zeit für Nicky, die das alles gar nicht verstehen konnte. Wir änderten unsere Gassizeiten, damit wir möglichst wenig andere Hunde trafen.

Freitag früh sah die Wunde ganz seltsam aus, so machte ich mich nach telefonischer Rücksprache wieder auf den Weg zur Praxis.

»Oh oh, das sieht aber gar nicht gut aus. Die Wunde hat sich trotz sorgfältiger Reinigung und Antibiose infiziert. Ich muss sie reinigen, damit alles besser heilen kann. Da wird es nichts mit einer primären

Heilung, bei der alles einfach nur zusammenwachsen kann. Es muss nun von unten herauf heilen, das wird etwas langwieriger. Schade, aber leider nicht zu ändern.«

Die Nähe zu Augen und Gehirn ließen einen nachlässigeren Umgang mit der Wunde nicht zu. Die gleiche Wunde am Rumpf hätte man sicher nicht so pingelig genau behandeln müssen. Aber hier war größte Vorsicht geboten. Samstagvormittag waren wir abermals zur Wundreinigung bestellt und in der folgenden Woche jeden zweiten Tag. Ein ziemlicher Aufwand an Zeit und Nerven. Ich konnte die Strecke nach Salzgitter-Thiede bald im Schlaf fahren und gewann beim Auto fahren Sicherheit. Das war ja auch etwas…

In der folgenden Woche setzte sich beim Gassigehen ein Insekt auf die offene Stelle am abstehenden Hautzipfel, Nicky wischte rein reflexmäßig mit der Pfote und schon war der Zipfel etwas weiter offen. Am nächsten Tag musste er ganz entfernt werden, nun klaffte ein richtig tiefes Loch in Nickys Stirn. Ein Anblick, der regelrecht weh tat. Wie gut, dass Nicky nicht in den Spiegel sah! Ansonsten schien sie die Wunde wenig zu stören, nur die vielen Tierarztbesuche fand sie langsam unangenehm, denn natürlich tat die Reinigung weh, auch wenn die Ärztin es so liebevoll und vorsichtig wie möglich machte!

Nur langsam heilte das Loch von unten und vom Rand her zu. Ob sich dort jemals wieder Fell bilden würde? Wie sie wohl später aussehen würde? Die Bewegung der Gesichtsmuskulatur und der Augenbrauen bewegte auch die ungünstig gelegene Wunde. Durch Nickys ausgeprägte Mimik kam die Stelle nie zur Ruhe. Ganz zögernd sprossen die ersten Haare auf der Stirn, bald war alles wieder mit einem schwarzen Flaum bedeckt. Das „Silberspray" war fast nicht mehr wahrnehmbar und der Kratzer, der quer über die Stirn verlief, nur noch ein rosafarbener Strich.

Bis auf das „Loch", das war noch immer ein tiefer Krater.

Die Fäden im unteren Teil der Wunde konnten gezogen werden und oben verschorfte die offene Stelle. Nun hatte sie wieder grünes Licht und durfte toben!

Der erste Dezember kam, Nickys Geburtstag! Eigentlich hatten wir wieder zusammen mit Lisa feiern wollen, doch wir verschoben das Treffen um einige Tage, bis alles wirklich gut verheilt war und keine Gefahr bestand, beim Toben die frische Narbe zu beschädigen. Vielleicht war ich übervorsichtig, aber ich hatte einfach genug von Wunden und Tierarztbesuchen. Mit der Post kam für Nicky ein großes Paket von Regina, welches sie mit großem Jubel auspacken durfte. Leckerchen, Spielzeug und ganz viele gute Wünsche erfreuten unsere Maus und glücklich über ihre „Beute", lag sie inmitten aller Geschenke.

Nun hatte alles doch noch ein gutes Ende gefunden.

Mit dem zweiten Geburtstag war sie endgültig erwachsen, eine junge Hundedame, die mitten im Leben stand. Von der wilden Hummel war sie zu einer braven Hündin herangereift, die uns mit Freude und Stolz erfüllte. All die vielen Stunden Hundeschule, die vielen Fachbücher und Tipps und Ratschläge der „Patentanten" hatten dazu geführt, dass das Leben mit ihr recht angenehm war. Zwar gab es immer noch das eine oder andere Problem wie das mit der Leinenführigkeit, aber auch das würde sich mit der Zeit bestimmt noch in den Griff kriegen lassen.

Wenn ich die Welpen- und Junghundzeit rückblickend betrachte, bin ich erstaunt, wie gut wir all die Sorgen und Nöte, Probleme und Aufregungen gemeistert haben. Welche Bedenken hatte ich in den ersten Tagen, den Welpen richtig erziehen zu können! Damals kannte ich Nicky noch nicht richtig, wusste noch nicht, was für eine feinfühlige Seele von Hund sie war. Sie hat gelernt, dass gute Hundeetikette bei Menschen nicht immer willkommen ist, kann gut im Umgang mit Mensch und Hund unterscheiden und weiß, wer welche Behandlung erwartet. Als Mensch sind wir für sie akzeptierte „Rudelführer", aber sie würde uns nie wie einen hündischen Partner behandeln. Das ist wirklich ziemlich klug, wenn man bedenkt, wie viele Menschen ihrem Hund „menschliche" Behandlung zuteil werden lassen, was denen gar nicht gut bekommt!

Wir lernen jeden Tag dazu und wachsen mit ihr immer enger zu einer Einheit zusammen. Man spürt bei Nicky, dass sie sich viel entspannter uns gegenüber verhält, weil sie erkannt hat, dass wir sie verstehen. Wie oft hatte mich die kleine Nicky am Anfang mit einem richtig verzweifelt-frustrierten Blick bedacht, so als ob sie sagen wollte:»Kannst du mich denn gar nicht verstehen?«, wenn wir anscheinend aneinander „vorbeigeredet" hatten. Ihre Körpersprache war etwas anders als die von Bo und natürlich musste auch sie sich erst in unser Verhalten und unsere Körpersprache hineinfinden. Heute kann ich ihren Blick „lesen", verstehe ihre Gesten und auch viele Wünsche. Sie hat begriffen, dass wir Menschen „hündisch" nicht so gut verstehen und manches Mal mit Nachdruck auf etwas hingewiesen werden müssen, damit alles so klappt wie sie es sich vorstellt. Es ist für sie ein Erfolgserlebnis, wenn sie ohne lange Reden kapiert, was wir von ihr wollen. Ihr Repertoire an Worten und Begriffen unserer Sprache erweitert sich zusehends, manches Mal habe ich fast den Eindruck, sie kann unseren Gesprächen recht gut folgen. Und wenn sie dabei auch noch aufmerksam und verständig schaut, könnte man wirklich den Eindruck haben, gleich eine Antwort von ihr zu bekommen.

Die Kastration hat bei ihr keinerlei negative Auswirkungen gehabt. Sie ist gertenschlank und alles andere als verfressen. Ihr Bewegungsdrang ist enorm und sie hängt beim Wettrennen mit den anderen Hunden die allermeisten mit Leichtigkeit ab. Sie strahlt dabei pure Lebensfreude aus und scheint es nicht zu vermissen, von den Rüden bedrängt zu werden. Ob sich „Spätfolgen" einstellen werden, bleibt abzuwarten. Aber ich bin inzwischen davon überzeugt, die richtige Entscheidung getroffen zu haben.

Sie ist selbstbewusst und sicher im Umgang mit Mensch und Hund. Seit einiger Zeit kann ich beobachten, wie sie auf den Gassirunden dreibeinig „markiert" und Duftmitteilungen jüngerer oder niederrangiger Hunde „überschreibt". Jungen Hunden lässt sie nicht mehr alles durchgehen, schlagen diese über die Stränge, werden sie in ihre Grenzen gewiesen, allerdings ohne brutale Unterwerfung. Älteren und dominanteren Hunden gegenüber ist sie weiterhin ergeben bis unterwürfig, sie riskiert keine unnötige Streiterei.

Seit kurzem ist sie auch sehr wachsam geworden und achtet in Haus und Garten rund um die Uhr darauf, dass niemand sich unbemerkt nähern kann. Wir müssen sie in ihrem Eifer inzwischen sogar ein wenig bremsen, denn nicht jedem gefällt ein wachsamer Hund!

Die Bissverletzung hat keine tieferen Ängste hinterlassen, selbst der „Verursacherin" ist sie inzwischen schon mehrmals recht mutig begegnet. Allerdings war sie überaus froh, dass sie die Begegnung schnell hinter sich bringen konnte. Die Wunde ist gut verheilt und wird, wenn erst das Fell wieder lang genug ist, nicht mehr zu sehen sein.

Aus uns ist in der beschriebenen Zeit ein gutes Team geworden.
Der Einsatz der Tierschützer aus Lanzarote und Deutschland hat sich wirklich gelohnt!

**Autorin:**
Sabine Potyka, geboren 1962 in Göttingen, studierte an der Hochschule für Bildende Künste Braunschweig Grafik-Design und ist freiberuflich als Grafikerin tätig. Ein Schwerpunkt der Arbeit liegt inzwischen bei der Erstellung von Tierporträts in Pastellkreide nach Foto.
Informationen hierzu unter: **www.tierportraits.de**
Kontankt unter: **info@tierportraits.de**

Das Buch „**Bo, der Second-hand-Hund**" ist ebenfalls als BoD erhältlich unter der ISBN 3-00-001929-4.
Infos im Internet unter **www.bobuch.de**

# Büchertipps:

**Mischlinge:**
Mischlingshunde, Heidi Rogner, Falken Verlag
Geliebter Bastard, Müller Rüschlikon
Mischlinge, Eva-Maria Krämer, Kosmos Verlag

**Tierheimhunde:**
Streuner und Tierheimhunde, Claudia Ludwig, Falken Verlag
Die zweite Chance, Judy & Larry Elsden, Kyonos Verlag
Hund aus zweiter Hand, Carol L. Benjamin, Müller Rüschlikon

**Rassen:**
Die Sache mit dem Hund, Heiko Gebhardt/Gerd Hauke,
Heyne Sachbuch

**Hundeerziehung:**
Hunde richtig erziehen, Bruce Fogle, BLV
Hunde kennen und verstehen, Bruce Foggle, BLV
Vom Strolch zum Freund, John Fisher, Müller Rüschlikon
Lehrbuch der Hundesprache, Anders Hallgren, Oertel + Spörer
Hundeerziehung 2000, Dr. Roger Mugford, Kynos Verlag
Hunde spielend motivieren, Ekard Lind, Natur Buch Verlag
Positiv bestärken - sanft erziehen, Karen Pryor, Kosmos
Clickertraining, Birgit Laser, Cadmos Hundepraxis

**Allgemein (Anschaffung)**
Hunde kaufen mit Verstand, Susanne Kerl, Müller Rüschlikon

Bo, der Second-hand-Hund oder: wie wir auf den Hund kamen,
Sabine Potyka, Selbstverlag ISBN 3-00-001929-4

Verzeichnis qualifizierter **Hundeschulen** in Ihrer Nähe:
Bundesverband der Hundeerzieher/innen + Verhaltensberater (BHV)
Aussiedlerhof Reiterhohl
65817 Eppstein
www.bhv-net.de

# Information des
# Fördervereins „Tierschutz Lanzarote" e.V.

## Situation auf Lanzarote:

Quälereien und Tötungen von Hunden und Katzen sind an der Tagesordnung. Tierkadaver zieren die Straßenränder "Streunende" Hunde werden vom Staat eingesammelt und in eine der 4 staatlichen Tötungsstationen verbracht, wo diese bei Nichtabholung durch die Eigentümer nach 21 Tagen vernichtet werden.

## Aufgabenstellunq des Fördervereins

Zweck des Vereins ist die idelle und finanzielle Förderung der Tierschützer auf Lanzarote
Insbesondere:
• Vertretung und Förderung des Tierschutzgedankens auf Lanzarote, insbesondere die Verbesserung der Lebensbedingungen der Tiere.
• Hilfestellung bei der Unterhaltung der Tiere bzw. deren Kastrationsmaßnahmen.
• Aufklärung über Tierschutzprobleme auf Lanzarote.
• Unterstützung und Ergänzung der Vereinszwecke durch die Zusammenarbeit mit deutschen Tierschutzvereinen.
• Beschaffung von Mitteln durch Beiträge, Spenden sowie durch Veranstaltungen, die der Werbung für den geforderten Zweck dienen.
• Beschaffung von Gütern die den Tieren zugute kommen.
• Der Verein ist selbstlos tätig.

## Das Tierheim:

Die Zustände vor Ort können bei aller Liebe nicht mit den uns geläufigen Tierheimen in Deutschland verglichen werden. Das Tierheim bestreitet seine Unkosten durch Spenden. Es logieren stetig ca. 150 - 200 Hunde im Tierheim sowie Katzen. Diese beherbergten Tiere haben im Verhältnis gesehen den Himmel auf Erden gefunden. Bei Platz werden Tiere sofort aus den Tötungsstationen geholt und untergebracht. Es wird keines der Tiere, egal wie alt und wie lange es im Tierheim ist, eingeschläfert es sei denn die gesundheitliche Situation macht es erforderlich.

## Die Tiere:

Alle Rassen und Mischlinge jeden Alters haben ein ausgeprägtes intaktes Sozialverhalten in Bezug auf Tier und Mensch. Sie sind leicht integrierbar und problemlos zu handhaben. Die Dankbarkeit dieser Geschöpfe ist nicht in Worte zu fassen.

## Vermittlung und Ausflug der Tiere:

Dank vieler lieber hilfsfreudiger Touristen und Tierschützen die als Transferpersonen zum Ausfliegen der Tiere benötigt werden, können Hunde und Katzen nach Impfung und Entwurmung an Pflegestellen und an neue Herrchen und Frauchen in Deutschland vermittelt werden. Es fallen für die neuen Besitzer lediglich die Frachtgebühren der Tiere von den Fluggesellschaften, sowie die Impfkosten und die Chipsetzungskosten bei der Vermittlung an.

Wenn auch Sie sich für so ein liebenswertes Geschöpf entscheiden oder sich gerne als Transferperson, mit 100% Abholungsgarantie am deutschen Flughafen, zur Verfügung stellen möchten, so melden Sie sich bitte ca. 1 Woche vor Abflug beim unten genannten Verein oder direkt im Tierheim SARA auf Lanzarote. Bitte geben Sie folgende Daten Ihres Flugtickets an: Rückreisetermin, Flugnummer, Abflugzeit, Buchungs-Nr., Veranstalter bzw. Fluggesellschaft sowie Ihre Heimatadresse und Hoteladresse. Die Daten werden vertraulich behandelt.

## Spendenmaterial:

Wenn Sie Spendenmaterial mit nach Lanzarote mitnehmen möchten, setzen Sie sich bitte mit dem Tierheim auf Lanzarote in Verbindung um zu erfragen, was im Augenblick gerade benötigt wird oder melden Sie sich beim Förderverein, da dieser laufend Spendengüter zur Mitnahme bereit hat und Ihnen auch gerne Auskunft erteilt und Übergepäck für Sie kostenlos anmeldet.

Gerne beantworten wir Ihnen telefonisch oder per Fax oder E-Mail Ihre offenstehenden Fragen

**Förderverein „Tierschutz Lanzarote" e.V.**
Jutta Weber
Dominikus-Debler-Str. 54, D-73525 Schwäbisch Gmünd
Info-Tel.      0 71 71/ 92 98 83
Fax:            0 71 71/ 92 98 84

## Lageplan des Tierheims SARA auf Lanzarote

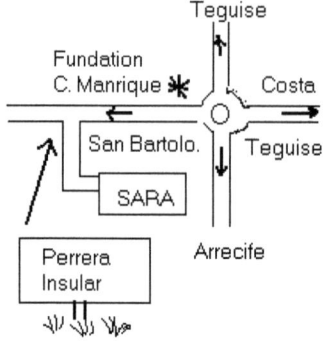